吉田松陰

Ikeda Satoshi
池田諭

大和書房

はじめに

近代日本は、その発足に先だって、一人の思想的、教育的巨人を生みだした。厳密には、その思想的、教育的巨人によって、近代日本はつくられたといった方があたっている。それは、わずか三十歳で、刑死になった吉田松陰である。

松陰は、山鹿流兵学の家柄をついで以後、その短い生涯を通じて、一貫して、日本はいかにあるべきか、いかにあらねばならないかを構想しつづけた。それは、西洋諸国のアジアに対する帝国主義的侵略を前にして、小国日本がいかに生きるべきかということであった。国禁を破ってロシア艦に、さらには、アメリカ軍艦に投じて、海外に渡航せんと計画したのも、すべて、日本の生きる道を構想するためであった。

しかし、不幸にして、その計画は失敗し、松陰は牢獄の人となった。そうなると、彼は牢獄の中で、乏しい書物をたよりに、日本の将来について構想する以外にない。しかも、三十歳で刑死するのである。当然、その思想は、多分に未成熟のものをふくんでいたが、それ故に、また、大いなる可能性、発展性をもふくんでいた。

しかも、松陰は、自ら構想した思想にもとづいて、新しい日本をつくっていく人々を、出獄したとはいえ、禁足の身分で、教育していった。行動の自由を奪われた彼が、自分にかわって、思想し、行動する変革者を次々につくりだし、とうとう、近代日本をつくりあげてしまうのである。まさに、松陰は思想的、教育的巨人と呼ぶしか呼びようのない人物である。

しかも、松陰の思想は、百年後の今日も、そのまま生きている。彼のかかげた理想は、今日もなお、殆んど達成されていないばかりか、原子爆弾の今日、いよいよ、その理想は切実に、私達に語りかけている。なぜか。

松陰は、百年前に、日本を道義国家、平和国家にする構想をたてた。そこにのみ、帝国主義に狂奔する西洋諸国の中で、小国日本の生きうる道があると考えた。西洋諸国を批判する視点が可能であると考えた。それが、幕藩体制の日本を変革するだけでなく、世界各国をも変革する道であると彼は考えたのである。勿論、松陰は、道義国家、平和国家の道が容易であるとは考えなかった。

松陰ははっきり次のようにいう。

「軍備なくとも仁政があれば大丈夫である。仁政の国を攻めてくるような国の支配者は、その国に仁政をしいていないから、必ず、国内は動揺しよう」

「その間、つとめて、その国の忠臣、義士を刺激して、彼らにその国を正させるように働きかける」

「この策は、大決断、大堅忍の人でなければ決してやりとげることはできない。もし、はじめに少しばかり、これをやろうとしても、途中でまた、戦いに応ずるときは、その害はいいあらわせないほどに大きい」と。

松陰の考えるものが、単なる敗北主義、無抵抗主義でないことは明らかである。彼は道義によって日本を武装し、世界の本当の平和をつくろうとしたのである。その夢と理想は果てしなく壮大である。

だが、近代日本は、松陰に導かれて誕生したにもかかわらず、彼の夢と理想とは全く相反する道を歩み、わずかに、大東亜戦争後に、その道を歩みはじめたにすぎない。しかも、今日では、その道を再び捨てようとしている。それも、松陰を讃美し、肯定する人達が中心になって、道義国家、平和国家への道を捨てようとしている。

松陰の思想と行動を今日ほど正確に理解することを求められている時代はないといっていい。それに、松陰が道義国家、平和国家という場合、国是として、その道を歩みつづけるというばかりでなく、道義国家、平和国家への道は、国民の一人一人が道義的存在、平和的存在に変わっていくことが先決であると考えたことである。考えただけでなく、そういう人間が可能であることを、自らの教育によってしめした。日本歴史を通じて、彼ほどに、すべての人間が偉大で、尊厳な人間になりうることを証明してみせた者はいない。適切な教育というものの偉大さを明らかにしたものはいない。

こういう松陰の存在は、必ず、今日のゆきづまった政治と教育に一つの突破口をあたえるに違いない。ことに、彼とその弟子達の思想と行動は、今日の学生運動に何が本質的に不足しているのかを、明確に教えるであろう。

本書『吉田松陰』は、明治維新へのアプローチとして書いた『坂本竜馬』『高杉晋作と久坂玄瑞』（ともに大和書房）とあわせ、現在までの私の三部作と考えている。併読いただければ幸いである。

一九六八年三月

池田《いけだ》 諭《さとし》

目次

第二章　松陰の思想形成

第三章　村塾の人間教育

第四章　村塾で育った青年たち

第五章　現代に生きる松陰の思想

第一章

生きつづける革命児

若き兵学師範

幼くして芽ばえた憂国の至情

吉田松陰は、天保元（一八三〇）年八月四日杉百合之助の二男として生まれた。父百合之助は長州藩で、二十六石取りの下士であった。当時、家には、祖母のほかに、父の弟吉田大助と、同じく玉木文之進とが同居していた。

祖父七兵衛の死によって、家督を継いだ百合之助は、萩郊外の松本村に移り住んだが、その日常は奮闘につぐ奮闘の連続だった。屋根ふき、馬洗いから、田植、草刈り、すべてをやる。それが下士の日常生活でもあった。だから、親子揃って、田の草取り、畑の土寄せをする。その間に父が朗誦し、子供がそれにあわせるというのが、杉家の教育法であった。

百合之助が好んで朗誦したものに、「神国由来」があった。「恭しくおもんみれば、大日本は神の国なり」という言葉ではじまる小冊子である。幼い松陰の心に、日本の国はすばらしい国であると、胸の奥深く刻みつけられた最初のものである。終生忘れることのできなかった愛国の至情の芽は、早くもここに植えつけられたのである。

六歳で家督を相続する

松陰は五歳のとき、叔父吉田大助の仮養子となる。ところが、天保六年四月に、大助が死亡したので、松陰は六歳で、吉田家の家督を継いだ。吉田家は代々、山鹿流兵学師範として毛利氏に仕え、家禄五十七石六斗を受けてきた中士の家柄である。

吉田家を継いだ松陰は、何しろ六歳の幼児、兵学師範がつとまるわけがない。藩命により、大助の高弟渡辺六兵衛、林真人《まひと》、玉木文之進、石津平七などの人々が、彼の代理となって、教授を代行した。だが、将来、兵学師範として、吉田家を背負わなければならぬ義務と責任は、ようしゃなく、六歳の幼児の肩におおいかぶさってきた。

吉田家を継いだ松陰は、そのまま、杉家で育てられた。そして、幼い兵学師範の教育に最も力を注いだのは、当時、なお杉家に同居していた叔父玉木文之進であった。文之進は山鹿流の奥儀免許をもつ人である。

九歳の正月には、早くも家学教授見習として藩校明倫館に出、十歳の十一月からは、明倫館で家学の教授をはじめた。もちろん、そのために、林真人、石津平七、山田宇右衛門といった人たちが後見人として、彼を助けた。

激動の時代に開く眼

松陰が幼い身で、家学の再興を目ざして勉学に明けくれていたころ、日本は歴史の曲り角にたってあえいでいた。二百年以上も続いてきた江戸幕府は、あちこちにほころびがみえはじめ、そのほころびを繕おうにも、いじればいじるほど、かえって傷口を深め拡げるような状態だった。

現に長州藩でも、松陰の生まれた天保元（一八三〇）年の一揆をきっかけに、翌天保二年には、六万人の農民が参加して、藩の専売制に反対する大一揆がおこっていた。

一方、西欧各国は、海外市場を求めて、アジアへの進出を競いはじめていた。このことを真に憂えた渡辺華山、高野長英は逆に幕府に捕えられる始末だった。日本一国が安閑として、鎖国の夢を貪り続けていられる状況ではなくなったのである。

こういった世界の情勢に大きく松陰の眼を開かせたのは、その後見をつとめた山田宇右衛門だった。松陰が二十六歳のころ、十年前を回顧して、「宇右衛門が最も心配していたのは外夷《がいい》のことであった。その話をきいて、私は食事も忘れるほど憤り、海防の事を勉強した」と書いている。

宇右衛門は、代々伝わって来た古い書物の解釈にだけ閉じこもることなく、世界の情勢を知ることこそ必要であるといって、江戸から持ちかえった「坤輿《こんよ》図識《ずしき》」（箕作《みつくり》省吾の世界地理書）の書を与えるとともに、今は一派の兵学だけを学ぶべきではないことを説く。それに従って、弘化二（一八四五）年には、山田亦介《またすけ》について、長沼流兵学を学びはじめた。

亦介ははじめて接した松陰に、ずばり、近ごろ、ヨーロッパの国々が東洋を侵蝕しつつあること、即ち清国に手がのび、琉球も取られようとしていることなどを話した。そして、「今こそ雄略の大志を以て臨まねばならない。しかし、昔から、海外に武威をとどろかせたのは、神功皇后、北条時宗、豊臣秀吉ぐらいのものだ」（幽室文稿）というのだ。

十六歳の青年兵学者は、時宗、秀吉にはとても及ぶまいがと思いながらも、自らを以て国の武威をあげようと奮起せずにはいられなかった。亦介から、青地林宗《あおちりんそう》の「輿地誌略《よちしりゃく》」を借りて、世界地理の研究をはじめたのもこの頃である。

用あって形を有す

弘化三（一八四六）年、松陰十七歳の春、ちょうど、林真人の家に仮寓《かぐう》して勉強中、林家に火事があった。松陰は自分の持物には目もくれず、林家の家財を運び出す事に専心した。そのため二年前、藩主の親試の際、武教全書を講じて、藩主からほうびにもらった七書直解十四冊を、一冊を残して焼いてしまった。林家では、大変恐縮し、気の毒がったが、彼は「貴方の方で、大事な家が焼かれるとき、一つでも沢山、出してあげようとするのは当然です。そのために、自分のものが焼けたからといって、不思議なことはありません」（児玉芳子談）と答えた。

彼にしてみれば、誠に「七書直解」は大切なものであったが、一度火事という突発事故に直面して、彼が先ず思ったのは、林家の家財を守ることであった。彼において、大切なのは形より実であった。この事は、彼の人柄と真情をよくあらわしている。

嘉永二（一八四九）年十月、松陰二十歳のとき、羽賀台に門人を率いて、家学の講習をおこなった。そのときの文章に「だいたい、我が国は長いこと、戦いをしていないので、兵を語るといっても、それは昔の事にたよって言っているだけであって、今日の新しい状況の中で言ってはいない。これはどうしても、実際に行なってみなければならない」とまえおきして、「西洋と我が国では、人情が異なるし、兵機も違う。機械制度も違う。いたずらに、彼のやり方を真似たところで、彼を制することはできない。我が国の伝来の制度を潤色沿革して、事情に合わせ、実地に行なって見る必要がある。……しかし、およそ物には、用があって、形を有する。形が有るから、法が有る。法が有るから理がある。理とは、古今東西にわたって、変わらないものである。だから、理によく通じれば、理から法を生じ、法によって形を生じ、形によって用を生じる」と書いている。

もちろん、この頃の松陰は、西洋の銃砲陣に対して和法の銃砲陣がまさるという見解を持っていたが、西洋の陣制でも、吾にすぐれた長所はどんどん取り入れようという気持は、はっきり持っていて、みだりに西洋だからいかん、和法ならよろしいという態度こそ忌むべきものだとしている（水陸戦略）。

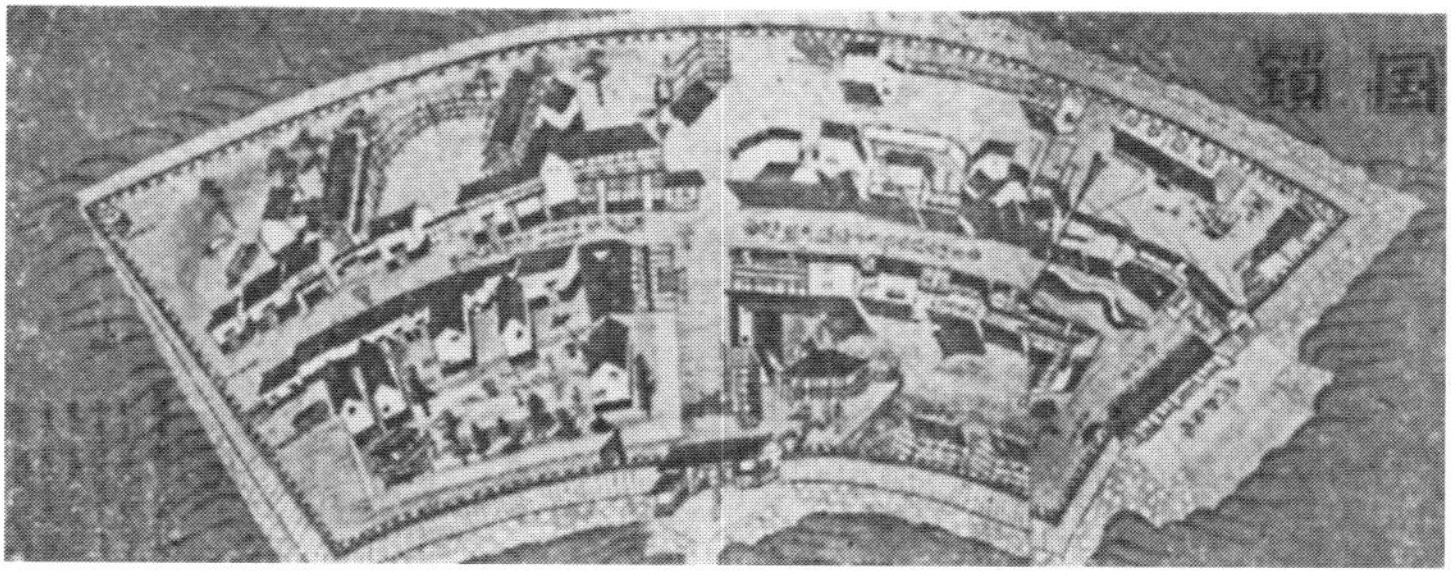

長崎出島オランダ屋敷
扇のような形で海中につきでた出島。江戸時代の日本がわずかに外国を覗くことのできた唯一の窓である。

九州への旅に出た松陰

松陰は、この静かな萩城下の一室で、何ができるか考えつづけていた。彼は自分自身を燃焼し尽くす何かが捉えたかった。それが何であるのかは全くわからないながらも、熱烈にそれを求めてやまなかった。

こうして彼は「書斎の中で書籍を通じて求めれば足りるというわけではない。四方の国々を周り歩いて、何を得ようとするのか。心はもともと生きもの、生きものには必ず機がある。機は触れるに従って発し、感に遇って動く。発動の機は周遊によって得られる」（西遊日記）という言葉を残して、九州旅行に旅立つ。

彼はまず赤間が関（下関）の伊藤静斎の家についた（八月二十六日）が、そこで病気をした彼は、帆足万里《ほあしばんり》について学んだという医者にみてもらった。帆足万里といえば、経世的儒者でもあり、オランダ語に通じ、天保年間には、豊後藩の家老として藩政改革をもなした人である。半日ばかり、万里のことをきき、万里の著書二冊を借りて読む。

萩を出てから二十一日目に、長崎に着く。ここで、友人郡司覚之進と共に高島浅五郎（高島秋帆の子）その他を訪問し、本を借りて読んだり、抄録をとったりしながら、他方では長崎の地形を眺め、オランダ館やオランダ船を見学した。六日目の九月十一日には、長崎を発って、平戸に向かう。松陰はまず、平戸の葉山佐内に教えをうくべく訪問する。佐内は平戸藩で五百石を食む家柄であり、陽明学の佐藤一斎に学び、また山鹿流の兵学にも通じた人であった。

彼が佐内に対して、何よりも期待したのは、平戸の地が外国との折衝地にあたっていることから、西洋の事情にくわしく、また、これを防ぐ方法についても、大いに研鑽を積んでいるに違いないということだった。

新しい出会いと新しい決意

その晩、彼は旅の疲れを休めようともせず、たった今、佐内のところで借りて来た、王陽明の「伝習録」と佐内が書いた「辺備摘案」をめくり、「摘案」を写す仕事にとりかかった。こうして、ほぼ二ヵ月間、多く佐内の許に通い、佐内の蔵書を借りてはそれを写し、抄録し、また佐内に教えを乞うた。

他には、山鹿万介に入門し、師事している。万介は平戸の山鹿宗家を継いだ人で、当時三十二歳、平戸藩の家老格であった。兄梅太郎への手紙に「山鹿へ毎度も参りますが、平戸の人の武教全書の読み方は、何といっても、精密なものです」ともらしている。

しかし、彼が長崎へ行って意外だったのは、長崎のような外国人の出入りする町では、さぞや、外国の事情がわかるものだろうと思っていたのに、さっぱり、彼を満足させるようなものを町の人たちが知らなかったことだった。また、平戸で驚いたのは、彼の見たこともないような新しい本が沢山あることだった。この新しい本は、江戸から買い求めるらしい。外国の事情や戦略を知るにはどうしても本によって知る以外にない。彼は早速江戸にいる知人にその事を報告し、購入してくれるよう頼む。

一旦、長崎に帰った松陰は、十二月一日に、長崎を出発し、原の古城跡を見、島原城下を経て、九日に熊本に達した。熊本では、宮部鼎蔵《ていぞう》（以後、松陰と深い交友関係をもつ）に会い、深夜に至るまで語り交わした。それから、佐賀へ行って弘道館を見学、柳川に戻って、一路家路につく。彼はこの百二十日余り、旅行者となった事で、今までにない大きな収穫を得た。旅行者は常に歩みながら、周囲との出会いの中で次々と自分を破り続ける。今、彼はその姿勢を身につけたのである。

家郷にあっては兵学師範として、家学を再興すべき期待を担った、秀才としての松陰しかあり得なかったし、他郷にあっては、謹直な性格の松陰に、そのきずなを断ち切ることは、もとより不可能であった。だが、その中で、この旅は、より自由な一旅人としての彼が、彼の人生があり得ることを彼自身に教えた。一藩の兵学者としてではなく、世界に相対する日本の兵学者として、日本の経世家としての在りようが、彼の深い所で感じられたのである。彼は、そういう生き方があるのだということを、秘かに感じとって、成長していく。

混迷をつづける魂

兵学諸流を統一すべし

明けて嘉永四（一八五一）年正月早々、二十二歳になったばかりの松陰は、林真人より、山鹿流兵学の極意である三重伝の印可返伝を受け、正月十五日には、藩主に三重伝を授け、二月十二日には孫子を進講している。そして、二月二十日には「文武稽古万世不朽の御仕立気附書」という上書を提出した。

そこには、「兵学は一流一派にかかわり、相互に通じあわない様では、実用にあわない。殊に、近年、外寇の守りについては、西洋各国の戦守の略も知り、また世界の形勢沿革についても知っていなくてはならない。それなのに、それぞれの流派が一派を立ててはりあっているようでは、時間的にも能力的にも間に合わない。どうしても兵学諸流を統一する必要がある」と書いている。

ついで、三月五日、藩主の江戸参府に従って、松陰も出発する。今はただ、江戸で得られるものへの期待に、江戸で会うことのできる天下の傑物人士を想うことに、胸をふくらませた。

途中、眼をとめるのは、まず土地の地理的条件である。二には、その国の政治的状況を田畑の様子、店の有様、老若男女の風俗から見てとろうとする。

こうして、江戸桜田の藩邸に着いたのは、四月九日であった。

江戸に出て学んだもの

四月二十日と二十一日、故郷にいる兄に出した手紙には、「現在の時間と精力のすべてをあげて、奇策雄論を持つべく勉強をし、有為の人とも豪談激論したいと思う。無事に暮らしているという便りは、家族に送れば事足りる。今後、月並みな手紙をやりとりするような無駄な事は断じてしまい。早死でもすれば別だが、幸いにして、少しは得る所もあり、期限を過ぎて国に帰ったとき、旧友を訪ねればいい。私は先生や友人を忘れているわけではないが、彼らと徒らに文通する時間や精力がもったいない。もし、このことが諒解できたら、山田先生やその他の友人達にも伝えてほしい」と書き送り、なみなみならぬ決意と意気込みをしめしている。

江戸に着いて一ヵ月もたつと、松陰は当惑する程の多忙な生活にはいりこんで行く。四月二十五日に先ず安積艮斎《あさかごんさい》に入門。艮斎は佐藤一斎の門に学び、さらに林述斎に学んだ、当時江戸での儒学の大家である。長藩江戸邸内の有備館にも講義に来ていた。また古賀茶渓《さけい》の所へも、暇をみて質問にいく。

五月二十四日には、山鹿流の江戸宗家、山鹿素水のところに入門した。この会日は一の日、三の日、六の日、八の日となっている。

松陰は江戸に出てみて、自分が学ばねばならないことがあまりにも多いのに驚いた。経書の解釈一つについても、江戸では詳しく細かいところまで行なわれている。萩の学問がいかにも粗陋《そろう》で浅薄に見える。このようなことでは、たった一年の遊学では何もできそうもない。彼は父、叔父に相談して、七月には、三年の延留願書を出した。

さらに、八月十七日には、兄に対して、三年に延ばした遊学をさらに一年延ばしたい意図を述べて、「三年の修業ぐらいでは、何もできない。天下に英雄豪傑はいくらでもいるから、その上に抜け出ることは、私の様な鈍才の者には急にできるとは思われない。私が一歩進めば、むこうはもう一歩進むのは当然で、とても三年や五年で間に合いそうもない。大体、これまで学問として何一つ出来ず、僅かに文字を識《し》っていたぐらいのこと。まず歴史を知らなくてはならない。経学（哲学）の勉強もまだ沢山やらねばならない。地理、砲術、西洋兵書など、そのうちの何一つを取ってみても、手についているものはない。世の人々は経学の存在価値はよく知っているが、兵学のことになると全く知らない。だから、友人もさかんに経学をすすめる。しかし兵学は全く大変な学問で、とても経学の比ではない。兵学を大概にしておいて、経学にそそげば何とかなるかもしれないが、ただでさえ大事業の兵学をほうり出して、他のことに精を出すのは何としても口惜しい」と書き送る。あれもこれも、際限なく、学びとろうとする松陰の貪欲さがよくにじみでている。

佐久間象山の門下にはいる

だが、そういう松陰にも、だんだんと江戸の様子がわかってくる。「近ごろの江戸の文学、兵学のことは三等に分かれているようにみえる。一つは林家、佐藤一斎らで、兵事ということを忌み、西洋辺の事などを話すと老仏の害よりも甚しいという。二は安積艮斎、山鹿素水らで、西洋の事には強いて取るべき事はないが、ただ防御だけはしなければと鍛錬している。三は古賀茶渓、佐久間象山で、西洋の事は取るべき事が多いとしきりに研究している。私が考えるのには、一の説は勿論取るに足りない。結局、二と三の説を綜合して習練すれば、少しは面目を開くことができるかと思う」（叔父への手紙）と述べている。

一度は紹介者を通じて佐久間象山に面会はしていたのであるが、その彼に、入門したのが七月二十日。象山は佐藤一斎の門に学び、儒者としても傑《すぐ》れていたが、後に高島流の砲術をおさめ、また蘭学を学んで、西洋の砲術その他を研究していた。が、それも入門したというにとどまっていた。

自分の学問が、まだまだ取るに足らぬものであることを知りながらも、学者の実情がわかるにつれて、期待がはずれ、がっかりもしはじめていた。

「江戸で兵学者というものは噂ほどではないようにみえる」と六月二日、兄あての手紙で書いた松陰は、その一月ほど後の中村道太郎に与えた手紙には、「僕は江戸にきてから三月にもなるが、未だ師を持てないでいる。思うに、江戸には、師とすべき人がいない。何故なら、都会の文人儒師は講を売って耕に代えている。また、士人には道理に任じようという志がない」といっている。

江戸に行ったなら、この国をどうやって外国から守るか、どうやって雄略を外国に示しうるかという意見について、議論を戦わせる人もあろうと思ったのに、その期待も裏切られてしまった。そうなれば、江戸での文章解釈が精密なだけに、なお一層やりきれなくなってくるのである。

宮部鼎蔵との魂の触れあい

長藩の山鹿流兵学師範としてでなく、外国の侵略をむかえうつためには、祖先伝来の「武教全書」をつつきまわしているだけではどうにもならない。どうしても、それにふさわしい学問をして、それに必要な知識を自分のものにしなければならない。それに任じようとする、志のある人が見当たらぬことは、何よりも彼を失望させた。佐久間象山も、とうてい彼の心を満足させてくれるとは、その時思わなかったのである。それほど、彼の意気は壮《さかん》であった。こんな毎日の中で、彼の心をしっかりうけとめてくれたのは、宮部鼎蔵だった。宮部もやはり江戸へ遊学に来ていて、松陰にとってはまたとない友人となった。六月十三日から二十二日にかけて、二人連れだって、浦賀辺の巡視にでかけている。この旅行は当然、海辺の警備や戦略についての実地調査であった。

これにつづいて、宮部との間に、東北旅行の計画がかわされ、七月二十三日には、出発日より十ヵ月の許可が藩からおりている。ところが、彼らの東北旅行の話をきいて、ぜひ同行したいという者が現われた。江幡五郎である。五郎はもと佐藤一斎の門に学んだこともあり、後に大和の森田節斎に入門し、師の命で広島に行き、阪井虎山の塾で塾頭をしていた人であった。しかし、南部藩につかえていた五郎の兄春庵が、藩主の廃立をめぐる争いにまきこまれて獄に投ぜられ、獄中で死ぬという事件がおこった。五郎はこれをきき、仇討を決心して江戸にきていた。彼らは鳥山新三郎のところで知りあい、友人となっていた。そこで三人は、出発の日を十二月十五日と決定した。赤穂四十七士が本懐を遂げた日にあやかり、高輪の泉岳寺に詣でて、行をおこそうというのである。

現実に立脚した兵学を志して

松陰が東北旅行に意図する所は、国防上の見地から実地踏査をすることであった。「この頃、薩摩の兵学者肝付七之丞と交際しているが、肝付はよく海防の事を論じる。彼は松前(北海道)、佐渡の地方を跋渉《ばっしょう》し、形勢のあらましを知っているので、その話には聞くべきものがある。彼がいうには、近頃西洋の船で、壱岐、対島の間を抜けて東上し、松前と津軽の間を通って、南に曲がるものが非常に多いという。それは何故なのか、よくわからないが、肝付が水戸の豊田彦次郎にきいたところによると、銚子口から百五十里ばかりの海上にカゼカという島があり、ヨーロッパ人が貿易場を開いているという。北欧人は北から、西洋人は西からここに集まる」(山田宇右衛門への手紙)と書いている。彼はひしひしと迫って来る危機感から、どうしても、北辺の地を、自分の眼でたしかめずにはいられなかったのである。それはまた、二百年余りも戦争らしいもののなかった時代に、兵学が現実に立脚したものとなるためにも必要なことだった。

十月の末ごろ、「学問の目算も、大体立ったから、十二月中旬から奥羽へ行き、三月の末、江戸にかえるつもり。それからは、一月歴史、一月文章と隔月に学び、翌年の参府頃には、漢学はきっぱりやめ、西洋の翻訳書などを一年ばかり読みたいと思う。大体の計画はこうなのだが、その時々で、色々やり方も変わる」と叔父に報告している。

九州旅行に加えて、東北旅行は兵学者としての松陰の眼をよりたしかなものにするために計画された。日本の生きる道をさぐるのも、兵学者の視点からである。

亡命か屈服か

東北旅行の出発を目前にして、思いがけない事態がもちあがった。松陰はすでに七月に藩から旅行の許可を得ていたが、実際に他藩を旅行するためには、過書と称する身分証明書が必要で、それはまだもらっていなかった。

藩の役人（江戸邸勤務）は、過書は藩主が帰国中のため、国許に伺わなくては出せぬといいだしたのである。そんなことでは約束の十二月十五日には、とうてい出発することはできない。しかも、松陰が藩の言い分に従って出発の期日を遅らすことは、他国の人との約束を破ることであった。それは、長州人の優柔不断のそしりをうけることであった。彼はあえて亡命の道を選ぶ。

それは、藩の形式主義に対する松陰の怒りでもあった。
亡命という事の結果が、自分にもたらすものを知らない松陰ではなかったが、彼をとりまく壁を次第に強く意識しはじめていた松陰であり、江戸の生活は、倦怠を感じさせはじめていたから、むしろ、それを打ち破るための好機会ですらあった。それに、彼にとっては、一藩の中における自分の地位よりも、国家の危機を救うために行動しようとする熱情のほうが、はるかに強く大きかったのである。

荊の道を歩みはじめる

亡命を敢行するのに、松陰はそれほど深く悩まなかった。あるいは、青年の血気ともいうべきものに支えられて、自らの身にまつわり、自分をはばもうとする一切のものをかなぐり捨てようという行動に出たのかもしれない。

書剣飄然《ひょうぜん》として天涯に滞り　志業未だ遂げず歳空しく加わる
一身の百感、誰に向かいて説く　枉《ま》げて七字を借り、浩歌を発す
ああ吾、天賦もと劣弱　欠如す、雄才と大略とを
慷慨《こうがい》の志気空しく存すると雖《いえど》も　読書未だ浩博に渉るを得ず
文字章句、措いて精《くわ》しからず　経済実用また成る無し

魚を捨てて、遂に熊掌《ゆうしょう》を併せて捨つ　二十年の失策、此の生を愧《は》ず
家に父兄有、郷に師友　我に期する甚だ重、吾空しく背く
我を送るの言、我を警《いまし》むるの書　三復忸怩たり、吾が顔厚し
今日の日、又まさに除かんとす　吾が心の感、ここに如何ぞや
中宵《ちゅうしょう》これを思い、なんぞ眠を得んや　燈を剔《き》りて、大史書を観る
君見ずや、先生肉髀《にくひ》の歳月を悲しむを　三分の功業永《とこし》えに没せず
丈夫の志在りて、あに空しく死せんや　百年壮心の歇《や》むを教ゆる勿れ

水戸に着いた翌日の詩である。彼は遂に自らの選択によって、荊《いばら》の道を歩みはじめたのである。

東北旅行の第一歩水戸

亡命のことがあるため、彼は仲間より一足先に、つまり十二月十四日に、藩邸を出発した。追手に捕えられることを恐れて、東福寺という寺に松野他三郎と偽って一泊する。

こうして彼の東北旅行ははじまった。水海道を経て筑波山に登り、笠間につき、笠間の藩校時習館を見学。十九日には水戸に到着した。斎藤弥九郎の子新太郎の紹介で、永井政介を訪ね、政介の家で自炊生活をはじめた。予定通りに、十五日に出発した宮部と江幡が水戸に着いたのが二十四日であった。三人は水戸周辺を渉し、時には銚子までの小旅行を試みたりしたが、おおむね、

水戸の藩士と交わった。

水戸で会った人々は会沢正志斎、豊田彦次郎、桑原幾太郎などで、藤田東湖、戸田銀二郎には未だ禁固中ということで会うことができなかった。松陰が日本史、特に上代史にひきつけられていくきっかけを得たのはこの人たちに会ったためである。

一月二十日、水戸を発った三人は、勿来《なこそ》の関を経て白河に着き、ここに、三日も泊まった。それというのも、江幡とここで別れることになっていたが、互いに別れることができなかったからである。四日目に、江幡は断然別れる決心をつけて、宿をでた。宮部は思わず涙をこぼして「五蔵、五蔵」（五蔵は五郎の偽名）と呼んだ。松陰は嗚咽で声も出ない。しかし、江幡は一回も振り向かずに、足早に去っていく。江幡の仇討ちが成功しなかったら、再び彼らは相会うことはない。二人は江幡の姿が見えなくなるまで、道にたたずんでいた。すっかり気落ちした二人はその日一日、ぼんやりと歩く。

困難つづきの旅

二十九日、会津若松に着き、会津藩の里河内伝五郎、志賀与三兵衛、井深茂松などから藩政のようすを詳細に聞き、それからいよいよ、雪深い新潟に足を進めることになった。雪の山越えは、西南の暖かい地方に生まれた松陰や宮部にとってははじめてのことで、苦労も多かったが、十日目には新潟に着き、剣客日野三九郎を訪ねた。日野からは、新潟の地が天領となってから、税金が二倍半になったことを聞く。

それから二人は新潟から船で松前に行こうと計画した。船なら三昼夜で行ける。陸路を行ったら十数日はかかり、しかも、雪のために交通を妨げられるかもしれない。日野は二人を船に乗せるべく、いろいろと周旋してくれた。二人はただいたずらに待っているのももったいない、その間に佐渡に渡ってみようと出雲崎に行った。ここから、佐渡行きの船が出るのである。ところが、天候が悪く、風向きも逆で、船が一向に出ない。あしかけ十三日も待って、やっと船が出る始末だった。乗ってみれば三時間位のところである。

二月二十八日、順徳天皇の山陵に詣で、それから、佐渡の官員を訪ね、島の概況を聞き、金鉱を見学する。閏二月三日に上陸地小木港に戻ったが、またまた船が出ない。四日目、やっとの思いで出雲崎にかえる。船の便がままならぬことをしみじみと味わう。

さて、これから、松前ゆきの船に乗るというときになって、船頭が侍を乗せるのを嫌って、いろいろと文句をつけた。そこで、二人は、しかたなく陸路を行くことにする。十八日、新潟をあとに北上。酒田、本庄、久保田（秋田）に達し、ここで二泊。八郎潟のそばを通って、阿仁鉱山を見学し、弘前に着いた。弘前では、税制が一定しない封建制の矛盾を痛感する。

思想家として開眼

藤崎、金木、中里を経て小泊に至る。このあたりは津軽半島の突端にあり、松前は目と鼻の先である。だが、ここでも松前に渡れない。やむなく、船に乗って青森に行き、野辺地、五戸、金山、一戸を経て盛岡に着く。盛岡に入る前に、南部藩が馬の利益の大半をとって、飼育した人民は苦しんでいるということを聞く。同時に農民が保守的であることも知らされる。

盛岡ではまた、江幡五郎の母と兄の妻を訪ねている。それから花巻、中尊寺、石巻、仙台を経て、大河原で江幡五郎に面会。彼らは飛びあがって喜ぶ。五郎と別れた二人は会津若松、田島、栃木、足利、館林を経て、そこから船で江戸に下る。

この五ヵ月におよぶ大旅行で、松陰は、兵学者の眼というよりは、より多く思想家の眼をそだてた。彼が土地の風俗、性情をみる眼も、思想家のそれであった。日本の生きていく道を思想的にさぐろうとするものであった。彼は徐々に、兵学者であると同時に思想家として成長していった。

未来への脱出

江戸に帰った松陰

四月五日の午前中に江戸に着いた松陰は、そのまま、鳥山新三郎の家に行った。五ヵ月ぶりに無事に帰った二人を迎えて話ははずむ。夜になって、宮部は藩邸に帰り、松陰はそのまま鳥山の家に残った。

翌六日、まだ松陰の寝ているところへ、井上荘太郎がやって来た。午後には山県半蔵もやってくる。彼らは松陰に藩邸へ帰れと熱心にすすめる。

「藩府は君の亡命をさほど咎めてはいない。あらかじめ許可は得ているし、許された期限内に帰って来たのだから、今のうちに藩邸に帰って詫びれば、たいした罪にもならないだろう」という。彼らの見透しとしては、松陰は江戸にいるままで遊学を許されるだろうということだった。それならと松陰は十日の午後、藩邸に帰った。

同じ十日の朝、井上荘太郎は国にむかって出発したが、松陰は井上の帰国を送る言葉の中で、

「僕はかつて道理にくらいものとして、甘い観察の下に突飛なことをやったため、国法を犯し、父母を心配させてしまった。その罪は重い。けれども、今はもう、その罪をとやかく追うときではない。自分の力の限りをつくして、立派な仕事をして、それを償うだけである。俗流に流されずに自己を確立し、昔の真の人物を師として、毀誉利害に自分の心を動かされないようにやっていくつもりである。このことを誓っていえる」と自らの心情を披瀝《ひれき》した。前途に、彼は晴々とした道が開かれているような感じがしたのである。

国許に強制送還される

だが、十八日になって、国許に帰されるという決定をきいたときは愕然とした。しかしやっと「僕の計画はしばしばつまずいて、志はますます壮である。志が壮であれば、どこへいこうと、学がならないわけではない」という心境になる。

それは、亡命という壮挙をあえて行なった後に持ち得たゆとりであり、自信のなせるわざであったかもしれない。大志を抱く青年らしく、のびのびとした自信にあふれ、希望に満ちた松陰となったのである。

国許に戻されることになったその日に、江戸を離れ、萩に向かった。もっとも罪人扱いというのではなく、二人の人間に付きそわれての帰国であった。五月十二日萩着。萩ではひとまず、外《がい》叔《しゅく》久保五郎左衛門の家に行ったが、まもなく父杉百合之助の許に引き取られた。ここで、判決の下るのを待つ。

そのとき、全く不満の意をもらしてきたのは、師の山田宇右衛門であった。山田は松陰の亡命を、大きく買っていた。だが、半年もたたず、送りかえされてきたのでは何もならないと歯がゆい気持であったのだ。それに対して、松陰は自らたのむ所大きく意気軒昂としていた。ただ、師の精神の若々しさには心うたれるものがあった。

判決を待つ間、彼は昼は暑さに苦しめられ、夜は蚊の襲来に悩まされながらも、ただただ、猛烈な勢いで読書に取りくんだ。つまり、五月十二日の帰国から六月八日までに、日本書紀三十巻、続日本紀四十巻という具合に読破したのである。このような生活が七ヵ月に及び、彼は、日本の歴史、毛利氏の歴史、さらに、中国の史書を読みあさり、また、手に入る限りの外国事情についての本を読んだ。

浪人となり諸国遊学の旅に

十二月九日、松陰の亡命に判決が下った。内容は御家人召放《めしはな》し、つまり吉田家は累代の家禄を奪われ、松陰は士籍を剝奪され、浪人の身となり、願出により、父杉百合之助の「育み」ということになった。同じ日に、来原良蔵《くるはらりょうぞう》、井上荘太郎ら当時江戸にいて、松陰の亡命に関係があったと目される四人は「逼塞《ひっそく》」を命ぜられた。

浪人吉田松陰の誕生である。それは、日本の兵学者松陰への新生の門出でもあった。杉百合之助から「十ヵ年間諸国遊学」の願いが出され、嘉永六（一八五三）年一月、再度江戸にむかって出発する。

四国を経て大阪に着いたのは二月十日。十一月には和砲術家坂本鼎斎《ていさい》を訪ね、十二日には大和の森田節斎を訪ねた。この間、節斎の紹介で、儒者谷三山とも二度ほど会い、大いに感銘をうけた。節斎は漢文学者で文章家としても名があり、「森田は僕が文人になることを大いに望んでいる」（兄への手紙）とあり、彼自身も「森田の所で、史記、項羽紀、准陰候伝それに孫子十三篇の文法を聞いた。まことにすばらしいもので、思いがけず、長逗留になった。私も文学を学ぶことに精力を注ごうか、それとも文学を捨てて、専ら兵学に力を用いようかと一時は心も錯乱したが、断然決して急ぎ江戸に向かい、兵学を治めようと決心した」（兄への手紙）というほど、文学に心をひかれた。

幼児から定められた道をまっしぐらに進んできた松陰が、別のジャンルの学問の面白さ、すばらしさに強く魅了されたのである。しかし、彼の中には、彼の志が今や捨てさることのできないほど大きく育っていた。惑っていることは、彼自身、許されなかったのである。

この二ヵ月半ばかりの生活は、それまでに経験したことのない自由で充実した毎日であった。しかし、彼を彼の道に引き戻したのは、彼自らの中に燃える志であり、外国の侵略を前にして、日本の危機をどうするかを究めなければいられない、激しい欲求であった。

黒船来たる
相模湾に入るペリー艦隊（「日本遠征記」所蔵）

浦賀沖に黒船が！

奈良、桑名、大垣を通り、中津川、松本、高崎を経て江戸に入ったのが五月二十四日。六月三日、早速、佐久間象山を訪ねた。先年の江戸遊学時代には、あまり顔を出さなかった佐久間塾へ、今度は真っ先にでかけた。今度は積極的に西洋砲術を学ぼうと思ったのである。四日、藩邸にいくと、「浦賀に異国の船が来た」という。佐久間塾に駆けつけてみると、佐久間は今朝、門下生を連れて浦賀に行ったという。そこで、彼も、藩邸の瀬能吉次郎に手紙一通を書き残して、家を飛びだした。

「浦賀へ異国の船が来たというので、私は只今から、夜船で行く。海路も陸路も路止めになるかもしれないという噂もあり、心はせかれて、飛んで行きたい気持だ」

彼は急いで鉄砲洲から舟に乗った。ところが風がない。ようやく舟が走りだしたのは、翌朝四時頃だった。夜が明けると、風も汐も逆向きになってしまい、品川まで六時間もかかるという有様。舟は断念し、陸路を飛ぶように歩いた。金沢の野島まで歩いて、また舟に乗り、大津までゆく。そこから歩いて、浦賀に着いたのは夜十時であった。

彼は全く興奮していた。心配していた外国の侵入が事実になったのである。翌朝、高所に登って見渡すと、陸から一キロメートルばかりの所に、蒸気船二隻、コルベット二隻がその威容をしめして浮かんでいる。だのに、こっちの台場は砲の数も少なく、とても戦って勝味があるとは思えない。それは圧倒的な戦力の誇示であった。

海外脱出をくわだてる

浦賀で米艦を見てからの松陰は、佐久間象山の塾での勉強に没入していく。来年は再び米艦がやって来るのだという意識は、つねに彼の頭から去らない。すでに浪人となった彼が「将及私言」（六月）「急務条議」（八月）と相次いで上書したのも、さしせまった危機に対するやむにやまれぬ気持からであった。その彼の気持を一層いらだてるように、七月にはロシア艦四隻が長崎に来航、さらにどこの国かわからぬが、軍艦五隻が新潟に来たという噂も流れてくる。その中で、松陰の海外渡航の夢は大きくふくらむ。敵を知るということもさることながら、アメリカ、ヨーロッパへの知識欲である。兵学者兼思想家松陰の知識欲は燃焼したのである。

象山の意見に支えられて、計画は秘密のうちに練られ、九月十八日には、長崎さして出発する。長崎に来ているロシア艦に便乗して、海外脱出をはかるためである。途中、京都の梁川星巌《やながわせいがん》（詩人、当時の日本の実情を強く憂えた人物）を訪れ、熊本で、横井小楠（日本における最初の共和主義者）に会い、十月二十七日に長崎に着く。しかし、ロシア艦はすでになく、失望落胆した彼は十一月十三日萩に舞い戻った。

が、すぐ萩をたって、十二月四日には、京都で梁川星巌、梅田雲浜《うんぴん》、水戸の鵜飼吉左衛門に会う。梅田雲浜は若狭藩士の子に生まれたが、藩政と海防のことで、あまりに藩主に上書したために士籍を削られた人で、その後京都にでて私塾をいとなんでいた。松陰が江戸に着いたのが十二月二十二日。

翌安政元（一八五四）年一月十四日には、去年の約束に従って、早くも、米艦七隻が金沢沖に姿を現わした。「洋艦七隻がいかりを並べている状態は実に切歯にたえない。さらに、日がたつにつれて、測量、上陸などの振舞がめだってきた。穏便に穏便にという声が天下に満ち、人心はがたがたに崩れてしまった。有志の人たちはお互いに嘆き悲しむだけ。このような中で大砲鋳造の工事がようやく決着したなんて、あまりにも遅すぎる」。一月二十七日、父にあてた手紙の一節である。

幕府はペリーにせかされて、日米和親条約を結ぶ。その間、宮部鼎蔵とアメリカ使節を斬ろうと策してもみたが、「今となっては益なく害だけがある」ことを考え、中止した。そして、彼の胸には、去年の長崎ゆきの際、決心したことが再び頭をもたげはじめたのである。彼の覚悟は固かった。

米艦乗船もならず投獄

ちょうどこの頃、兄の梅太郎は江戸詰の勤務であったが、松陰が何かをしでかすのではないかと繰返し注意を与えた。そこで兄の所へ行き、しばらく鎌倉にひきこもり、読書に没頭したいといい、遂に誓いの言葉まで書いて、兄を安心させた。

松陰は金子重輔（天保二年商人の子として生れ、後、足軽となる）と共に江戸を出発。三月六日、横浜で佐久間象山と会い、共に米艦に近寄って、様子をさぐろうとしたが果せなかった。重輔は松陰が長崎にロシア艦を求めて行った時も行を共にしようとした男で、今度はすでに藩から亡命していた。

あれこれしているうちに、日はいたずらにすぎてゆく。米艦は下田に行くらしい。そこで、米艦を追って下田に行くことにし、象山は江戸に帰っていった。十八日に下田に到着してから、機会をねらっていたが、二十七日にようやく艦にたどり着くことができた。

しかし、彼らの必死のねがいも、ペリーの拒絶をひるがえすことはできなかった。ボートで送りかえされた彼らは、失った小舟をさがしたが見つからない。舟の中には、彼らの刀や本などがあって身分がわかる。しかたなく、二人は村の名主のところに行き、下田番所に連行された。行方不明の舟は発見され、長崎へ行くときにもらった佐久間からの詩を押えられ、佐久間も牢につながれる。国禁を犯した大罪人として、彼らは足にはホタを打たれ、手錠をかけられて、とうまるかごに乗せられて江戸に運ばれた。

たちきられた海外渡航の夢

長藩の長老であり、松陰を嘱目していた村田清風はこの度の挙を聞いて、「これはいい事をやってくれた。何か思いきった事をせんければ役には立たぬ。ぐずりぐずりしては、らちが明かぬ。大次郎が外国の船に乗って行こうというと世間では喧しく言うが、併《しか》しそれを敢行したことはよい事である。事の成敗はどうなるとも、その志を天下に顕わしたら、心は既に、西洋に行っているのも同然ではないか。これが事の端緒というものじゃ」（村田清風翁事蹟）と喜んだ。松陰の外国はかった未来への脱出の意味が、清風という老人にはわかっていたのである。ここで松陰の外国に向けられた知識欲の芽は一応たちきられ、日本国内で彼自身の思想を開花させていく以外なくなるのである。

変革者の瞑想

伝馬町獄から萩・野山獄へ

伝馬町の獄では、松陰は佐久間象山と隣りあわせの房にいれられた。取調べは、今度の挙は松陰の画策でなく、象山のそれではないかということにあった。松陰は「私は人の指図で大事を行うような人間ではない」というに至って、はじめて、取調官をうなずかせた。しかし、結局は、九月十八日の判決で、松陰は「杉百合之助に引渡し、在所において蟄居を申しつける」、金子は「松平大膳大夫家来へ引き渡し、蟄居を申しつける」、象山は「真田信濃守家来へ引渡し、在所に於いて蟄居を申しつける」ということになった。

松陰と金子は九月二十三日、毛利の麻布藩邸から萩へ送られることになった。護送係員は二十一人というものものしさ。すでに重病の床にあった金子にとっては、苦渋そのものの旅であった。激しい下痢のために、汚れはてた着物の着替えを請う金子に、衣類を剝いで、素肌に小ぶとんを巻きつける獄卒、それに対して、自らの上張りを金子に着せてくれと頼むほかはない松陰であった。

十月二十四日萩に着いた二人は、幕府の判決に反して、松陰は野山獄へ、金子は岩倉獄へほうりこまれた。これは、藩府の幕府に対しての遠慮というよりもへつらいであった。金子は結局、翌安政二年一月十一日に獄中で死亡した。

内部に眼をむける

松陰は父や兄の尽力で、次々と本の差し入れをしてもらい、真剣な読書生活に入っていった。入獄した十月二十四日から十二月の終りまでに大体百六冊の本を読了。安政二年一月には三十六冊、二月に四十四冊、三月四十八冊、四月四十九冊、五月五十五冊という調子である。読書と並行して、彼のこれまで外側にばかりむけられていた視点が、深い静けさの中で、自己の内側に、人間の内面にむけられていく。そして、いつか、獄中の富永有隣をはじめ、数人の囚人とも語りあい、講義をするようになった。大著『講孟余話』はそれをきっかけとしてできた。

僧月性《げっしょう》と文通をはじめたのは安政二年三月ころ。月性は周防の国の僧であると同時に詩人であり、法話中にも海防の急務であることを唱えて、海防僧などといわれていた。同じ年の九月には僧黙霖《もくりん》との文通がはじまり、松陰の中に、天朝の存在が植えつけられていく。こうして、彼は次第に、自分の思想を結実させていく。

一方、松陰が牢にいれられていることが問題になりはじめ、水戸の豊田彦次郎なども動いて、ようやく安政二年十二月十五日、獄から出され、父百合之助のうちに蟄居ときまった。

松下村塾の誕生と実力行動

やっと獄を出て父母の許に帰った松陰は、その翌々日から父や兄、それに外叔久保五郎左衛門らを前にして「孟子」の講義をはじめた。そして、九月四日には、久保五郎左衛門のために、松下村塾記を書き、彼の主宰する村塾教育の構想はできあがった。

十月、増野徳民という十五歳の少年が彼の所に教えを請いに来て、杉家に同居。つづいて、吉田栄太郎、松浦松洞が入門。この三人が無咎《むきゅう》、無逸、無窮の三無といって、松下村塾の基礎を作った門人たちである。翌安政四年には、村塾に入門する青年たちは日ましに増えていく。

同じ年の五月二十六日、日本にやってきたアメリカ総領事ハリスは、通商条約を結ぼうと将軍家定と対面して、大統領の親書を提出した。安政五年一月には条約ができ、調印を待つばかりになった。幕府は老中堀田正睦を京都にやって、勅許を得ようとした。

こういう情勢は、松陰にもわかり、月性に手紙で「もし幕府がアメリカに降参し、属国に甘んじようとすれば、防長二国だけでもまもりぬこう」と、激しい口調で書き送っている。それはついこの間までの、内に退いて教育活動に専念しようとしていた松陰とは、まるで違うもののようだった。彼をたちあがらせ、再び行動に走らせたものは、あまりにも不甲斐ない為政者の態度であった。

しかも、その時の彼は、かつての彼のように一介の浪人ではない。彼の下には、彼が熱情をこめ、誠意を尽して育てつつある有為の若者たちが、師の一挙手一投足を熟視し、師の心のままに、死地に乗りこもうとする気構えで静かに控えているのだ。その後、大老井伊直弼、老中間部詮勝《まなべあきかつ》が登場し、通商条約という不平等条約を結び、それに反対する梁川星巌、梅田雲浜などを次々に牢獄に放りこんだ。そのために、尾張、水戸、越前、薩摩などの藩士による井伊の暗殺、松陰の間部要撃の計画がなされるが、成功せず、再び松陰は下獄する。

松陰は下獄によって、いよいよ思想家的性格を発展させ、思想家として現実とのギャップを意識すればするほど、より教育的にならざるを得なかった。そして、現実の危機を感じたとき、思想家松陰は、時代に先行しなくてはならなかったのである。

嵐の安政大獄下で

松陰は下獄したものの、少しもひるむことなく、来年三月を目標に、何とか態勢を挽回しようと考えていた。三月は藩主の参府の時である。藩主の参府を押し止めるべく彼は種々腐心した。

しかし、彼がやり得ることは、門下生や友人に手紙で指示して、彼らを動かすことだけであった。しかも、彼らのところには、安政の大獄がじわじわとしめつけてきて、動こうにも動けなかった。自然、彼らは今はやるべき時でないという考えに傾いていく。松陰の焦りは日を追って激しくなる。それらの中でただ一人、彼に従おうとしたのは入江杉蔵であった。企ては松陰と杉蔵の間でなされた。それは、大原三位を説いて、伏見で三位に藩主を説かせようとする策であった。だが、母を捨てて、死地に飛びこむのに忍びない。杉蔵は、自分に代って弟和作を上京させることになった。

しかし、この企ては、母から佐世八十郎（前原一誠）に伝わり、佐世から岡部富太郎へ、そして、岡部から小田村伊之助へと伝えられた。小田村はこのことを藩府の周布《すふ》政之助に伝えたから、杉蔵は獄に入れられてしまう。事志と違って、杉蔵は泣いて怒るが、どうすることもできない。和作を捕えるために追手もでる。

絶望のどん底で、松陰の考えた事は自分と入江兄弟の義死である。彼は杉蔵、和作に死なねばならぬ訳をしきりと説くなかで、生と死の問題に深く沈潜していった。「死がどうしてそんなにたやすかろう。二つとはない命なのだから難しいのも当り前」というふうに、考えに考える。その中から、急いで死のうとする気持も薄らいできた。

松陰の死をのりこえる新しい息吹

江戸では、逮捕された志士たちの取調べが翌安政六年二月からはじまった。幕府は四月十九日、松陰にも出頭を命ずる。この命令が、野山獄の松陰に伝わったのは五月十四日であった。松陰はここで、取調べを受ける好機をとらえて、取調官の前に所信を披瀝し、それによって幕府の意見を変えようとした。彼は一命を投げだす最高の機会がやってきたと思った。弟子たちもこのときになって松陰の一身を思い、幕府の暴挙を怒る気持になった。彼らはこもごも野山獄に別れを告げに来て、今にも立上らんとする勢いを示した。

　五月二十五日、萩をたって、六月二十五日に江戸の毛利藩邸に着いた松陰は、七月九日に評定所に呼びだされ、そのまま伝馬町の獄に入れられた。彼の嫌疑はすべてはれたが、松陰は、かねて覚悟した通りに自分の意見を述べた。そして、間部老中に諫言しようとした自分の企て（要撃とはいわなかった）をもしゃべってしまう。幕府側は全く知らなかったこととて大変なショックを受けた。十月七日に、橋本左内、頼三樹三郎《らいみきさぶろう》が死罪になったとき、松陰は自分が死罪になることをはっきり知った。それからの彼は、父、叔父、兄に対しての手紙をはじめ、各方面へ、必要な手紙を書き、さらに門人一同への遺書一巻を書きのこした。それを書き終えたのは十月二十六日の夜であった。彼はこの中で、自分の死生観を述べ、後につづくもののあることを期待し、次に獄中で知った同志の人々を紹介し、彼らと門人たちの協力を望むのである。

　こうして、なすべき事をなし終えた松陰は、翌二十七日の朝、評定所に呼び出され、死罪の申渡しを受けた。刑場での松陰は、悠然として服装を正し、鼻をかみ、それから死についた。その生命は死んだが、数多くの逞しい生命を新たに、弟子たちの中に呼びおこしていったのである。思想家松陰の悲劇であり、教育者松陰の開花である。

第二章　松陰の思想形成

絶望の中の教育

一大ショックだった黒船の来航

嘉永六（一八五三）年六月三日、浦賀沖にやってきた四隻の米艦は、松陰をうならせ、これまで必死になって学んできた兵学者としての知識や意見が、一向に役立ちそうにもないことを彼に思いしらせた。ことに、風がないというので、六時間も出航をまち、やっと動きはじめたと思ったら、汐の流れが悪いというので、鉄砲洲から品川まで数時間もかかり、あげくのはてには、歩いてやっと浦賀にたどりついた松陰には、なおさら、ショックは大きかった。

松陰としては、六歳のとき、山鹿流兵学師範の家をついで以来、遊ぶ暇もないほどに兵学にうちこんできた自負もあった。ことに、十七歳のとき、その師山田亦介より、海外への眼を開かされてから、海防問題にとりくみ、二十歳のときには「水陸戦略」を書いて、藩政府に上書するほどの自信ももっていた。

その「水陸戦略」には「日本には大船よりも小船が適している。弾丸もよく命中する。外国の艦は大きいかもしれぬが、回航に不便な上に、その砲から飛びだす弾丸は遠くに飛んでも、命中しにくい」と書いたことを思いだし、冷汗を流さないではいられなかった。もちろん、この著は四年前のものだが、今の自分の意見が、それと余り違わないことを認めないではいられなかった。

佐久間象山に再入門する

すでにみてきたように、長州藩の兵学師範から、日本の兵学師範への道を一筋に歩んできていた松陰は、この事実を前にして、急速に脱皮成長していく。彼はこのショックの中で、これほどの軍艦をつくるヨーロッパ、アメリカに対抗するためには、ぜひともその国力、学問を知らなくてはならないという兵学者としての要求と、その底知れない学問、技術を知りたいという思想家としての思いを強烈に強めていった。そして、かつては売文家の一人として、省みなかった佐久間象山が、黒船襲来をきっかけとして、売文家どころか、他の学者たちとは違って、気迫と識見と学問のある巨人として、松陰の眼に映ったのである。

松陰はあらためて、佐久間象山に再入門した。不明を恥じる松陰にむかって、象山は、「過ちがないということは、別にすばらしいことではない。過ちに気づいた時、その過ちをあらためることこそすばらしいことである。だが、その過ちを償うということは、もっと、すてきなことだ。今日のように、国家多事の時には、なしがたいようなことをなし遂げるのが、過ちを償うということに価する」（幽囚録）と教えて、彼の中に新しい意欲と希望をつぎこんでいった。

黒船が日本を変えたように、松陰をも変えたのである。現実がもつ意味と価値の重さである。アジアに対する侵略者の黒い手を意識すればするほど、松陰の中の侵略者への関心はたかまっていった。それが、松陰の西洋兵学の研究に拍車をかけるとともに、それがまた、いまだ見たこともない西洋列強への畏怖と関心をいよいよ強めていくことにもなった。どんなことをしても、あの偉大な黒船をつくったアメリカ、ヨーロッパを知りたいと思うのである。

まして、それらの国の書物をよく読める者もいないために、オランダ語訳を通じてしか知ることができないと知って、松陰はじっとしておれないものを感じたが、象山が幕府に献言している「外国への留学生派遣」さえ決まれば、海外渡航のチャンスが自分にやってくる、ひたすら、その実現を念じてまっていた。

歴史的価値と倫理の探求へ

だが、松陰の期待を裏切って幕府は象山の献言を却下した。松陰が海外渡航を決意したのは、その報をきいた瞬間であった。もはや幕府にはまかしておけないという松陰のぎりぎりの気持であった。うまくいかないときは、死罪になることも覚悟しなくてはならない。それすら、松陰の心をとめる力にはならなかった。

松陰は、まず長崎からロシア艦に乗ろうとして失敗。ついで、下田から、米艦に便乗しようとする。

「海外渡航の禁は、徳川一世の事にすぎない。今日の事は、三千年の日本の運命に関係する以上、この禁に、思い患うことなんてできなかった」（兄梅太郎への手紙）と、後に書きおくっているように、すでに、このとき、松陰は、一時代の価値や倫理をこえて、歴史的価値と倫理に眼をひらき、それに身を委ねる立場へと移行しはじめていたのである。その意味からいっても、この渡航は、松陰に、歴史的価値と倫理が何であるかを教え、それを探求させる最大のチャンスを提供するものであった。

すでにこの頃には、エマーソン（一八〇三〜八二年）が「アメリカの学者」で、ヨーロッパからのアメリカの真の独立を説き、キェルケゴール（一八一三〜五五年）が「不安の概念」で、精神の独立、自由の問題にとりくみ、マルクス（一八一八〜八三年）が「共産党宣言」を発表し、あらゆる束縛からの人間の解放のための巨歩をふみだしていた。

だが、松陰の要求と願望は拒否されて、彼らと交わり、彼らに学ぶチャンスは永遠に彼に訪れなくなったばかりか、この日を境として、彼の長い獄中生活、禁足生活がはじまった。それは彼の刑死までつづく生活であった。

松陰には、再び、自ら行動する機会も場所もなく、手足をもぎとられた生活だけがあった。松陰は生命をかけた賭に敗れたのである。

孤独な瞑想者の眼

事志と違って、獄中の人となった松陰は、そこで初めて、ただひとりで自分とむきあい、自分をみつめ、自分と語る生活をはじめた。父や村田清風の理解ある言葉に、沈みがちな自分の心が大変はげまされているのを知って、自分の心をはじめてのぞきみたかのように驚く松陰でもあった。そして、彼の心の奥の奥の方で、よどんで形にもならず、自分にもつかみきれない、まして自由にならないものがあるのを知って、考えないではいられない気持にひきこまれるのであった。

九州旅行から東北旅行へと、あるいは外国へと、これまで主として外の観察に向かっていた松陰の眼はいやおうなく、自分に、人間の内部にむけられていった。松陰の旅行者としての眼に、孤独な瞑想者の眼が重なりあったのもこのときである。

この眼は、自然に、獄中で「再び出獄の見透しもないままに、絶望と孤独のあまり、わずかに酒を飲み、酒の力をかりて、怒り、喧嘩して、自分の生きていることを確認して、自分の心をやっと抑えている人たち」（福堂策）の上にそそがれていった。

しかも、自暴自棄そのものに見える彼らの中に、狂愚に似て、狂愚でない人間らしいものが脈脈と流れているのを発見した。かつて、従弟玉木彦助に「人の人たる道は動物に異なる所以《ゆえん》を知ることである」と教えた言葉が、今はじめて自分のたしかな意見となっていくのを感じた。人間と動物のちがいを、彼らとの接触を通じて確認したのである。

底辺からの教育を考える

松陰はあらためて、下田の獄や護送される途中、あるいは、江戸獄で接した人々、当時の社会では人間の屑のように蔑視されている獄卒の中に、かえって、彼の話に耳を傾け、心を動かす者が多かったのに驚いた自分を回想する。

裸の人間を見、裸の人間に接して、松陰の心の中に、人間への親しみと愛と信頼が芽ばえていった。黒船について、獄中の体験が松陰その人を深く変えていったのである。

獄中の松陰

この図は下田獄中（1854年）の松陰を描いたもの

エマーソンやキェルケゴール、マルクスに会う機会は逸したが、逆に、社会の最底辺に生きる人たちにめぐりあう機会を得たのである。自分もまた、罪人の一人として、彼らの身近にたたされたのである。松陰は、彼らの中にある声にならない救いの声をきいたとき、そして不当に放置されているのを知ったとき、彼の中に激しい怒りと彼らへの強い愛がわきおこってきた。彼らを教化することによって救いたいという気持が生じてきた。それはまた、同じ獄中にいて、彼らのように転落できない自分、その自分は教育によって生まれたという考えにささえられておこったものである。

ここから、人間を人間にしていく、どんな人間をも、それなりに有用にしていくことができるという教育万能思想が松陰の中にめばえてきたのである。兵学者松陰に教育家松陰の視点が大きく重なってゆくのである。しかし、松陰は、行動の自由を奪われている囚人であった。

自己の全存在をかけて対決する姿勢

もっとも行動的な人間、それも、全身これ道理の実現への志向でかためられているような人間が、その行動を奪われたとなれば、自分の周囲の人たちに向かって、誰彼の差別なく、自分の真情をぶつけて、自分の考えを理解してもらおうとするのは当然である。

行動の自由を奪われたから、説得の対象としては勿論、同志としては予想もしなかったような人たちにむかっても、松陰は全身でぶつかっていくようになる。それが松陰にとって生きるということであり、生きているしるしでもあった。勿論、松陰が教育的になったといっても、彼は本来兵学者である。その教育思想には当然兵学の思想がふくまれる。いいかえれば、彼の教育的姿勢は兵学者的姿勢であった。

兵学者的姿勢とは、一言にしていえば、国家と人間の存在をかけたぎりぎりのもの、敗れるということは滅亡と死を意味するという認識である。そこにあるものは、常に自己の生存をかけた敵との対決である。この姿勢が教育的姿勢となってあらわれたとすれば、師と弟子はそれぞれの全存在をかけて対決する。師と弟子はもてる力の限りをつくして斬り結ぶ。師はその姿勢で弟子に接し、弟子にもまた、その姿勢をとることを求める。

敵を前にして、味方の指導という見方もできる。そこには、精一杯の緊張感と昂揚感がある。くわしくは、あとにのべるとして、松陰の教育には敵と斬り結ぶ激しさと厳しさが、そのままとりいれられていた。こうした姿勢を基調にしたことを、もっともよく明らかにしめしているのが野山獄の教育であった。

絶望をのりこえる教育は可能か

松陰が下獄した当時、野山獄には十一人の者がすでに下獄していた。このうち、二名を除く九名は、これというはっきりした罪もないままに入獄し、一生を牢獄生活で送るように運命づけられていた。後年、松陰の片腕として、松下村塾の指導にあたった富永有隣が粗暴を理由に親戚から忌避されて入獄していたのと他の人たちも大同小異であった。だから、在獄四十九年の大深虎之允を筆頭に、平均して在獄十年という有様であった。今日の私たちからみると信じられないことであるが、これは事実だった。彼らが絶望の中に、わずかに酒によって、そのうさをはらし、喧嘩によって自己の存在を主張したのも無理はなかった。

この絶望しかない人たち、再び、太陽をみることを許されていない終身刑の人たちを相手にして、彼らの中に希望の灯を点じ、道を追求する喜びを感得させることは、普通の教育者にはとうてい、なし得ないことである。

生死をかけ、自分の全存在をかけて相手を信じ、相手に迫る人でなくては、とうてい、相手の心にせまり、相手の心をゆさぶることはできない。生を思いあきらめた人間に、生の希望を注入する。そのためには、相手の長所と短所を知りぬき、短所を抑えて、長所の活動を再開させるという、最も適切な対策がなされなくてはならない。この大変なことも、兵学者としては日常的な課題であり、勝利はこれに始まって、これに終ることを、松陰は、十二分に思い知っていた。

富永有隣への語りかけ

まず、松陰は、富永有隣に対して、働きかけた。

「靖献遺言（浅見絅斎《けいさい》の著書）の一書は、読む者を感奮興起させ、道理を求める心をおこさせる。僕は思わず、傍に人のいるのを忘れて、声をあげて読むほどに興奮し、感動した。この本を試みに貴方にお送りする。きっと貴方も私のように感動するにちがいない。

日頃、貴方と言葉をかわすことはあっても、まだ、胸の中を披瀝《ひれき》し、心を通いあわせたことはない。しかし、幸に、此の書によって貴方の意見をきくことができたら、僕にとってはまことに喜びである。もし、僕のいうことなど、何の益もないといわれるなら、僕はだまるしかないが、ぜひ、御意見をおきかせ願いたい」と。

このときの有隣は、三十六歳、在獄四年の猛者である。かつては、十三歳のとき、藩主の前で、「大学」を講じたほどの秀才であったが、性格が狷介倔強《けんかいくっきょう》ということで、親戚に忌まれて、下獄した男であった。

松陰はまず、この男に眼をつけたのである。彼の手紙は、獄中の、それも終身囚に語りかける暗さもとらわれもなく、むしろ、一個の有志の人に対するようなものだった。

有隣を再生させる

有隣の返事を明らかにすることはできないが、続いて、有隣に送った手紙では、有隣が親戚中から忌まれ、それゆえに、今、終身囚となっている点に、松陰はきりこんでいった。

「貴方は見識があまりに高いために、そうでない人をみるときは敵人をみるようになる。このため、周囲から斥けられたが、見識ある者は、必ず初めは、独善になるものである。それに才ある者は、才なき者に忌まれ、能ある者は不能者にやかれるものである。だが、隣人なくば、何事もできないし、徳がなければ隣人を得ることもできない。

今や、僕と貴方は相許す間柄となった。徳か不徳かは知らないが、獄中に友を得た。貴方はもはや友人がいないことをなげく必要はなくなった。なんといっても、貴方は獄中に死すべき人ではない」と。この手紙を受取った有隣の喜びが想像できる。有隣の中に、再び希望の灯がともる。自愛自重の心がはたらきはじめる。

部屋替えがあったとき、有隣の向いの部屋が、松陰でなくて、吉村善作であったために、有隣はごねはじめた。有隣としては、自分より、十一歳も若い松陰ではあるが、彼を思慕するあまり彼がそば近くいることを願ったのである。しかしこの部屋替えは、松陰の意見にもとづいて、有隣と吉村善作がむかいあうなら、いろいろ都合がよいと考えての配慮であることを知って、有隣は松陰に深くわびる。いずれにしろ、有隣は再生したのである。松陰は有隣を再生させたのである。

もちろん、松陰は、有隣に対する如く、すべての人に接したわけではない。相手を知り、相手にあった適切な手をうつのが兵学者である。

囚人たちをひきつけた獄中講義

新入りとして、先輩たちに食物のふるまいをすることになっていることなど、進んでやってのける。ある時は小豆がゆをつくって、皆で食べるとか、わざわざ医学の研究をして、治療法を教えるとか、相互扶助のための月掛貯金をするなど、直接、皆に役立つところからやっていくことによって、松陰はぐんぐん、皆の中にはいっていった。そして、入獄後半年目には、座談会をもてるところまでこぎつけたのである。

「孟子」の講義をはじめたのが四月十二日、もちろん、そこには、野山獄を取締まる福川犀之助《さいのすけ》の理解と協力があったればこそであるが、その理解と協力は、松陰が彼を指導した結果、生まれたものである。福川が獄室の外から、松陰の講義に耳を傾けたということで、福川の松陰へのうちこみようも知れようというものである。松陰の感化力のすばらしさをしめした事実である。

松陰は孟子の開巻第一頁を講ずるに先だって、皆にむかってきっぱりという。

「諸君と一緒に学を講ずる私の意見をまず申しあげたい。私たちは囚人として再び、世の中にでて、太陽を拝することはないかもしれない。たとえ、学んで、その学が大いに進んだとしても、世間的には何のききめもないといえるかもしれない。しかし、人間として、必ずもっているものは、人として、人の道を知らず、士として士の道を知らないということを恥ずかしく思う心である。この気持が誰にもあるとすれば学ぶ外ない。そして、それを知ることが、どんなに我が心に喜びを生ずるものか……」（講孟余話）と。

尊敬を一身に浴び出獄

松陰の講義にはじまった獄中講義も、二ヵ月後には「孟子」の輪読会に発展する。いつか松陰は、再び出獄することがなくても、獄中からすばらしい傑物が一、二は出現するだろうと確信がもてるほどに、この輪読会は力のこもったものとなっていた。「諸君の中に必ず、後世僕の意志をつぐものがでてこよう」と信頼するまでに、彼らは変わっていくのである。学問を好まない井上喜左衛門、栗屋与七たちに対しては、吉村善作を通じて、俳諧を学ばせたし、河野数馬、有隣などには、それぞれの能力に応じて皆を指導させている。

詩などをふくめて文芸一般を軽視していた松陰が、善作、数馬を通じて俳諧を学び、有隣を通じて漢詩を学ぶことによって、彼自身の蒙《もう》をひらいていくことにもなった。こうして、同好同学の姿勢が十二人の囚人の中に育っていくのである。

安政二年暮には、まず松陰が出獄した。松陰は、雨につけ、風につけ、獄中の人々のことに思いをはせて胸をいためる一方、積極的に彼らの出獄のために働きはじめ、安政三年十月には、七人、安政四年七月には一人と、異例の出獄にこぎつけた。

もちろん、松陰はそれと並行して、獄の改革案を提案していく。ことに、「一つの罪で、その人のすべてを廃人にしてしまうような獄のあり方、刑罰のあり方」（福堂策）に深い反省を求めるとともに、野山獄の生活を通じて、どんな人間にも一、二の長所、用うべきものがあることを発見し、それによって、彼自身を明確に教育者としての自覚と使命においやることにもなった。しかも、皆から見捨てられた人たちを変えることのできた自信と誇りはことに強烈であっただろう。だが、出獄したといっても、彼は禁足状態におかれていたし、依然として手足をもたない頭脳だけの存在でしかなかった。道理実現への志向をつよめればつよめるほど、松陰は切実に足や手を渇望したし、それらをつくる必要にせまられてきた。

松下村塾の誕生

自身に代わる変革者の育成

松陰のすぐれた教育力、感化力は、彼がすぐれた兵学者であったことによることを述べたが、教育者松陰を支えた今一つの要素は彼が変革者であったということである。彼が時代をどのように変革しようとする変革者であったかは、あとで述べるとして、変革者は現実の矛盾や悪をはげしく憎む心に支えられ、貫かれている。

変革者ほどに不正を憎み、道理の実現を強く渇望する者はいない。変革者は感情が豊富なゆえに、自分の感情を抑えておくことができない。困難や危機を知りながらもつきすすみ、自分の周囲に変革をおこさないではおかない。またそれを可能にする智恵とヴァイタリティをもっている。

松陰が文字通り、そういう人であったことは、すでに述べたところでも明らかになったろうと思う。外国の侵略という行為を全身で怒り、この行為をみてみぬふりをする人たち、その行為をなすにまかせている人たちを許すことはできないのである。不遇にある人たちを放っておけない。

これが素朴な形での変革者の姿勢である。この激しく、豊かな感情は、自然、彼に接する人たちの心に、さざなみを、反省をおこさずにはおかない。

松陰が、周囲の人たちに、弟子たちに変革をひきおこしたのは、彼が激しく豊かな感情と人間を変革する方法を身につけたすぐれた変革者であったためである。

まして、手足をもぎとられた変革者は、自分に代わって変革の道をつきすすむ人間を欲する。とすれば、変革者の生産にむかって、真一文字につきすすむしかない。変革者の誇りと喜びを他の人たちにわけあたえようとする。変革者松陰が自分の手足をもぎとられたとき、自分に代わる変革者の育成にふみきったのも当然であった。

松下村塾開設

こうして生まれたのが、松下村塾であった。松下村塾というと、松陰が終始主宰した村塾であるかのように思っている者が多いが、松下村塾の名は、天保十三（一八四二）年叔父玉木文之進の家塾に名づけたのがはじまりで、松陰自身もここで学んでいる。文之進の村塾はその後、嘉永二（一八四九）年までつづいた。嘉永六（一八五三）年叔父久保五郎左衛門が私塾を開いたとき、そのまま、松下村塾の名を冠したのである。

安政三年九月、叔父久保五郎左衛門のために書いた、「村塾記」には「萩城の東部に、我が松下村がある。人口一千、士・農・工・商の皆が住んでいる。萩は今では大都会になったが、それは真に立派になったとはいえない。もし、将来、萩の名が大いにあらわれるときがあるとすれば、きっと松下村からおこるであろう。叔父は私の言うことは大きすぎる、自分は賛成できないなどというが、村人皆を進めて専心、道理を実現するように努力するならば、私のいうことが大きいと心配することはない」と書いている。

「村塾記」を書いているうちに、彼の胸の中には、つぎつぎと、彼の構想がわいていったに違いない。そして禁錮の自分に代わって、実践してくれる青年の育成を考えて、つい自分の本音をはくことになったのかもしれない。

この「村塾記」は「もし将来、自分が村塾を経営するようになれば大いにつとめるであろう」という言葉で結ばれている。

松下村塾
安政４（1857）年、吉田松陰が主宰し、高杉晋作、久坂玄瑞、品川弥二郎などを輩出した。

同房の出獄者を招待

安政三年はもっぱら、近親者や近所の若者たちのために講義していたが、十月になると、明倫館の兵学門下生でない弟子がはじめてできた。もちろん、外部との交渉を禁じられている松陰である。ひそかに松陰に学ぶという以上にいかない。しかし、そういう状況での入門は一層、真剣味をおびていたということもできる。この頃になると、松陰の村塾経営の構想はいよいよかたまる。

十一月二十日、相模にいる小田村伊之助に送った手紙には、「来春は交代ときいたが、交代になったら、早くかえってほしい。ともに、松下の村学をおこすことができたらと思って、君をまっている。その頃には、清太郎も帰るだろうし、富永有隣の出獄もなんとかなっているだろう」とある。

小田村伊之助・久保清太郎・富永有隣のメンバーで、村塾を経営しようとしていたのである。安政四年三月、久保清太郎の帰国とともに、村塾建設は具体化し、七月ごろから、はっきりした形をとる。当時、久保の松下村塾に対して、松陰塾がなんと呼ばれていたかわからぬが、十一月五日、八畳一間の新塾ができる頃から、松下村塾の名は、松陰塾の方にだんだん移っていったとも考えられる。しかし、家学教育の許可を得られないままに、久保の名義になっていた。松陰が正式に家学教育の許可を得て、名実ともに村塾の責任者になるのは、翌安政五年七月であるが、その十二月には、再び下獄するのである。

意見書を藩政府に提出

兵学者松陰が教育者松陰に野山獄を契機として転換していったといっても、嘉永元年一月、山鹿流の家学をついで独立の兵学師範となり、藩校明倫館で、兵学を教える立場にあった以上、松陰はある意味ではすでに教育者であった。

しかも、新進気鋭の松陰のことである。教育について意見をもっていたのも当然といえるが、兵学師範として一人立ちした嘉永元年九月には、もう、藩校明倫館のあり方について、意見を藩政府に提出している。もちろん、この意見書は、彼が十九歳になったばかりのときに書かれたものだから、とくにこれというものもないが、後年の松陰の教育思想を支えた、現実をふまえた批判の姿勢だけははっきりでている。

すなわち、「大禄の者たちは家をきりもりしたり、衣食のために奔走する必要もないから、普通なら、ずいぶん文武にはげむことができるはずだが、必ずしもそうでないのは解せない。小禄の者となると、経済的に苦しくて、妻子を養うのは大変である。その中で、文武にはげむとしたら、当然賞讃に価する。それを賞することが、文武をおこすもとである」と。

広く深く学ぶべし

それが、嘉永四年二月、松陰二十二歳の時、同じく藩政府に提出した意見になると、いかにも松陰らしい独自の意見がとびだしてくる。

松陰はまず、「本当に文武をおこそうと思えば出身階層を問題にしてはだめだ」とまえおきして、

「現在文武にはげむ者も名聞のためにやっているため、自然実用を第二義にする弊におちいって

いる。しかも、はじめから、一、二の課目を選んでいては、本当に各自のもっている能力を生かすことはできない。最初は各自の力量に応じて、あれこれやらせ、十八歳頃になって、本人の希望と能力をもとにして、二課目をきめて、終身の業にさせるべきである」と論ずる。

松陰にとっては、今日の高校教育は普通教育であり、義務教育でなくてはならなかった。今日のように、中学生の段階で、その能力と方向が決定されるなんてとんでもないことであった。

ついで、松陰は「若い人たちは大人たちを時に大いに感心させるほどに進歩もするし、すばらしい意見をはくことはあっても、そういう秀才たちは多くは、不遜になり、固陋《ころう》になりかねない。彼らの意見は確立していないし、信用できるものでもない」と書いている。秀才中の秀才と目されていた若き松陰の意見であるところに、この意見は一層興味がある。彼はこの考え方の上にたって、家のために早婚を余儀なくさせている家族制度への批判、貧しさのために、就職運動に狂奔しなくてはならない現状への批判をする。

三十歳まではなにもかも忘れて学問できるようにしなくてはならない。そのぐらいやった学問でなくては実用にたたないと松陰は考えているのである。

そして最後に「古今東西にわたって、広く深く学ばなくては、自分が学んでいる一流一派も本当に理解できないばかりか、かえって害になる」と結ぶ。山鹿流にこだわることの愚かさをはっきりとうちだしている。今日なら、マルキシズムもプラグマティズムも実存主義も、ともに学べということになる。

教育行政の改革にきりこむ

松陰が教育者として自己を確立した後に、彼の口からでてくる意見は、更に具体的になっていく。直接、教育行政の改革にきりこんでいく。

まず、安政三年九月二十七日には、当時藩政の最高責任者であり、かつて松陰の兵学門下生であった益田弾正に、「現在、明倫館の塾頭をしている宇野庄兵衛は学問にも長じていないし、読書も得意としていないために、大変苦しんでいるようにきいている。さればといって、彼は朴直の人物だから、御小姓か御祐筆の役にはうってつけの人物。それに対して、来原良蔵は気根もあり、読書に通じているから、学生の指導にはふさわしい人間である。二人をいれかえれば、学風もあらたまるであろう。今のままでは、とうてい、人材の育成など期待できない」と書きおくった。

他方では、松下村塾の建設の構想をねりながら、並行して、藩校の改革を志し、それを信頼する友人来原良蔵にやらせようとしているのである。

松陰の意見はそのままの形では採用されなかったが、まもなく、人事異動があり、明倫館が大いに変わっていくきっかけをつくっている。

産学並行と共学制度を強調

安政五年には、「学校を論ず」と題して、

「人材を集めれば、国は自然に発展する。発展を期待しなくても発展していく。そのためには学校をつくって人材を養成することである。だが、今の学校は狭くて、十分に身分の低い者たちを入学させることができない。まして、学校が資格をとるための場になっていることはとんでもないことである。学校は、学ばんとする人たちのためにこそ開放しなくてはならない。

今一つ大切なことがある。それは、学問する者がともすると空疎の言に陥る傾向にあることである。反対に、農工商の実務にたずさわる者には、学問の必要がわかっていない。両者の間は全くかけはなれている。どちらもいけないことだから、作業場をつくって、両者を一緒に学ばせると、どちらも変わって、大いに役立つ人間になろう」と説いている。当時すでに、産学並行を説き、士、農、工、商の共学制度をとり、それを通じて、知識の質の変革を志していたということは、驚嘆に値する。学校に印刷所や病院を併設することを強調した文章もある。

明倫館の旧弊を打ちやぶる

そして、松陰の明倫館改革へのきりこみは益田豊三郎を明倫館に入学させることで頂点に達する。すなわち、当時、藩の重臣の子弟は明倫館で学ばず、教師を招いての家庭教育が一般化していたのに対して、これは真に学ぶ姿勢でないと、安政五年十月に重臣の子弟である豊三郎を入学させるのである。

しかも、彼の待遇を下士たちと同じくさせることに成功するのである。松陰は「館の悪夢を取りのぞくきっかけになる」（益田弾正への手紙）とか、「重臣の愚な考えをうちやぶることになり、少しく愉快である」（来島又兵衛への手紙）といって喜んでいる。しかし、松陰が案じていたように、重臣クラスのものが、早速、豊三郎の入学にケチをつけ、けしからんとさわぎだし、とうとう、豊三郎も病と称してひきこもってしまった。このことを伝えきいた松陰は、十月二十九日、益田弾正に手紙を送って、断乎たる処置をとるように要求する。

「今度豊三郎の入学を許可したことは、学校の興廃・士風の盛衰にかかわるほどの大事であるから、貴方もその達成のために強い覚悟をもってのぞんでもらいたい。このことをよしとしないような俗論は徹底的に打ちやぶらなくてはならない。たとえ、それが重臣の子弟であろうと、主謀者を糾明して処置しなくてはならない。それが御政道というものである」と。

その後の経過は明らかでないが、このとき、豊三郎入学を政府命令として伝達するのがよいともいっている。

大学設立の大構想

松陰のこうした明倫館改革は、松下村塾を通じて、全村の変革を志したものと並行してすすめられたもので、おそらく松陰は、村々の学塾の中心としての明倫館、それを通じて、藩全体の改革を構想していたに違いない。翌安政六年になると、松陰の視点はさらに発展して、藩学の中心となる大学校を京都に設立しなくてはならないと考えはじめる。

日本を一つの単位として、教学の対象として考えはじめたのである。もちろん、急には大学校の設立はできないと考えた松陰は、今現にある学習院の拡充・強化を策するのである。そしてその仕事を入江杉蔵に託す。

「道理の実現を主眼にして、何人の書、何人の学でも、その長ずるところを学びとるようにしなくてはならない。どんな人の思想でも、一、二は取るべきところはあるものである。ひろく人材を集める。こない者には、その人の意見をきくために、使いをやり、日本中の人々を導き得るような正論を大成することが必要である。そして、その正論は印刷してどんどん各地に流していくことである」（入江への手紙）と。だが、松陰は、この手紙を書いた二週間後に、幕府権力によって抹殺される。

学習院は、その後、変革者たちの学習と討論の場として活発になっていったが、松陰の構想したような、一流の思想家、学者を組織化する母胎としての学習院、日本を本当に指導しうる正論を形成する学習院となるところまではいかなかった。

しかし、思想家、学者の組織化だけでなく、彼らを組織する拠点としての大学の設立という構想が松陰の中で構想されていたのである。村塾と明倫館と大学とを結ぶ構想は、まことに大きな構想であったということがいえよう。

松陰の教育理念

現代に有用な人間を育てること

松下村塾、明倫館、学習院と考えていった松陰は、そこでどんな人間を育成しようとしたのであろうか。一言でいえば、現代に必要な人間、現代に有用な人間である。

幕藩体制を身を以て変革する人間といった方が、より松陰の気持を理解したいい方といえるかもしれない。それは、体制の権力に抵抗をつづける姿勢であり、歴史の曲り角にたって、歴史を推進していく人間ということである。その場合、その精神を貫き、その姿勢を支えるものとして、志が考えられるのである。

「知者こそ、道理を行うべきなのに、いたずらに高邁精緻にふけって、日常の切実を軽視してかえりみない」（中庸講義）状態は、志なくしてはじめた学問の弊害があらわれたものであると考える。彼がしみじみと、

「志なくしてはじめた学問は進めば進むほど、その弊は大きい。真理を軽んずるばかりか、無識

の者を迷わせるし、大事にのぞんでは、進退をあやまり、節操を欠き、権力を利欲の前に屈する」（講孟余話）と考えたとすれば、自然に、「志は万事の源」（七規七則）という結論に到達する。

松陰は、「志はどんなことがあっても奪うことのできないもの」（前原一誠への手紙）であり、「志が一度確立すれば、人に求めたり、世の中に願ったりすることもなく、断固として、一人でも楽しみながら実行する」（講孟余話）ものと考えている。

志を支えるものは何か

名利のために学問したり、暗記力や記憶力がいいために学問するのとは違って、現実を変革するという志の下にはじめた学問には、それ自身退くことはない。現実の壁にあたって、志がいよいよ固まるのが、志のもとにはじめた学問ということになる。自分の問題と現実の問題とが重なりあった地点にたってはじめた学問である。もちろん今日、それを重視する者はいる。しかし、それは学力の基調としての評価でもないし、知識に優先するものとしてでもない。

そして、この志を支えるものとして、松陰が第二番目に重視したのは気力であり、気迫である。気力や気迫の支えなしには、その志も実ることがないというのが、彼の考え方である。行動につきすすませるのも、進んで、難局にとりくませるのも、この気力であり、気迫である。だから、気力、気迫の養成をあらゆる機会をとらえて強調した。

「いつもおしゃべりしているものは、大事な時に、口がきけなくなるものだ。いつも大気焔をあげているものは、いざという時に、火の消えたようになるものだ。平時は用事の外は一言もいわない。一言する時は温和な婦人のように静かに語る。これは気迫をつくるもとである。言葉や行動を慎しみ、低い声で語るぐらいでなくては、いざというときに、大気魄は出てくるものではない」（諸友にしめす）

「静座して、外物におおわれていない自分の本心を発見するか、行動の中で自分の本心をはっきりつかむようにする。書を読んで、意中の人にあい、意中の事をみたら、これについて、同志の人と激論するのもよい。また、山野を跋渉して、気力を発動して、自分の気力を実験するのもよい。要は、自分で、そのすばらしさを発見して、自分のものにすることである」（講孟余話）

変革者の資格は志と気力と知識

さらに松陰は、「気力衰えれば、識見もまた曇ってくる」（吉田栄太郎への手紙）といっている。第二次大戦前から大戦中にかけて、知りながらいうべきことをいわなかったり、最近、権力や暴力の前に、発言がしめりがちになっているのも、松陰のいうように、気力の衰えからきている。こういうことを考えれば、気力や気迫に高い評価をあたえるのも当然である。だからといって、彼は、学力や知識を軽視したのではない。

ただ、労力や知識の性格や限界を知ったところから生まれた評価であった。松陰は知識の裏づけなしには、志や気力も方向違いになることを十分に知っていた。「知識なしには道理の実現など思いもよらない」ともいっている。だから、自らも刻苦勉励したし、弟子にも猛勉を求めた。彼の読書欲はすさまじいものであったが、それでいて、知識万能、知識偏重に陥らなかっただけである。

今日の教育のように、知識偏重の教育に陥らなかったのは、歴史を変革する人間を育てようとしたからである。松陰は志と気力と知識の三つを変革者としての基礎的資格と考えた。どれ一つを欠いても、変革者としては失格であると考えていたのである。だから、弟子に対して、この三つを厳しく要求した。

転向しない人間を育成

これ以外に松陰が重視したものに、才能と識見がある。変革者としての能力の大小を決定するのは、才能と識見の大小であると考えていた。識見と才能が学問の深さや知識の量に無関係なことはいうまでもない。知識のある者が識見のある者とはかぎらない。識見の持主として、最右翼にいたのが高杉晋作であり、才能の持主として、最右翼にいたのが久坂玄瑞であった。松陰は二人の識見と才能を基準に、門人を見る場合、及ぶとか及ばないとかいっている。

時代の変革にとりくんだ松陰の教育が、今日、すぐれた意味をもっているとすれば、転向しない人間として、あくまで、時代の変革にとりくんでいける人間を育てたことにある。そして、現代が時代の過渡期にあれば、なおさらのことである。

教育の厳しさをかみしめて

志と気迫と知識を基礎に、識見と才能を統一的に自らのものにした人間を実際に育てることになると、これは大変なことである。至難に近い。だから松陰はいう。

「妄《みだ》りに、人の師となってはならない。本当に教えなくてはならないことがあって、はじめて、人の師となりうるのである。また、妄りに人の弟子となってはならない。師を求むる前に、まず自分の心や目標が定まって、それに応えてくれる師を求めなくてはならない。学問する上で一番大切なことは、思うことがありながら、その思いが達せず、為すべきことがありながら、その方法が明らかでないために、とまどっている状態にあることである。この時こそ、学を求め、師を求める時である」（講孟余話）

与えようとする者と求めようとする者がぶつかりあえば、そこに生ずる教育作用はどんなに大きいものかは誰しも容易に想像されようが、昔も今も、軽々しく人の師となり、人の弟子となるものは多かった。その現状に対して、松陰は考えないではいられなかった。かつて、江戸に遊学したとき、

「生徒のために、句読を解釈してやるだけで、その本当の意味を教えようとしない。書をよく読む者、書をよく説明できる者を才能ある者として評価して、そうでない者は、心が純朴で誠実であっても、それをせいぜい附随的にしか認めることのできない教師、智も勇気の裏づけなしには、

過渡期の力にならない程度のことさえ理解できない教師」（講孟余話）たちしか認められない現状をみて、思わず彼の口をついてでたものは、「江戸にわが師とするにたる人はいない」という言葉であった。

こういう教師たちが多く育ったのは、「道理を追究することがいかに楽しく、それを実現していくことがどんなに喜び多いものか。そして、弟子たちに実践させていくことがどんなに楽しいものか」（講孟余話）を体験しないためとみる。

師と弟子との緊張関係

当然のことながら、松陰自ら弟子として師を選ぶことにも、逆に師として弟子を求める場合にも、同じように厳しかった。松陰が師としての象山を選んだ姿勢、弟子として松浦松洞を選んだ姿勢にそのことがよくあらわれている。

松陰はすでに自分の考えや目標がしっかりと定まってから、師を求めていたから、当時一流と評価されていた学者たちを前にしても、のめりこむこともなく評価できた。

象山を再評価して自分の師とするや、半年もたたないうちに、「将来、大事をなすときには、必ず松陰とともにする」と象山にいわせるほど、その進歩は著しかったし、それほどの信頼と評価をうける師弟関係をつくりあげることもできたのである。

また、画家松洞が彼を師として漢詩を学ばんとしたとき、松陰はなかなか応じなかった。漢詩について、本当に教えるだけのものが自分にはないと知っていたからである。だが、松洞があくまで、松陰を師にしようとしたとき、その熱意に動かされて、師になった松陰は、得意としない漢詩についての研究はもちろん、松洞が学んだ画家磵《はざま》西涯《せいがい》の書いた画論の研究までやっていく。

師としての立場に忠実であるために、努力せずにはいられなかったのである。師として弟子の心をゆさぶることのできない者は失格者であると同時に、弟子として、師をつきあげ、師を変えていくことのできない者も同じく失格者である。松陰にとっては、師弟とはいっても、結局は、「師弟ともに昔の賢人たちの弟子でしかなかった」（講孟余話）のである。

「道理は、昔の賢人たちがすでにいいつくし、行いつくしていて、めったに彼らをのりこえるほどの新しい見解や識見を発明することはない。とすれば、同じ弟子の中で、軽々しく師といい、弟子というのはあやまっている」（講孟余話）ということになる。

洋学の師・佐久間象山
松陰の思想に最も大きな影響を与えた（1811～64）

一緒に学び一緒に行動する

師弟同行、師弟同学こそ、彼の基本的姿勢である。彼は自らすぐれた変革者であることによって、すぐれた変革者を求め、すぐれた変革者をつくりだし、一緒になって学び、一緒になって行動していこうとしたのである。

松陰は行動の自由を奪われることによって、かえって、道理実現への思いをふかめ、その思いを弟子たちにぶっつけることによって、教師としての感化力を強めていった。幽囚という、松陰個人にとっては悲劇であったことが、教育者としての彼をさらに完成させ、教育者としての教育効果をあげさせていった。

吉田東洋
土佐藩の参政。藩主容堂の藩政改革に協力し内外に手腕をふるった。

自ら変革者として、変革者を求めた松陰が、自らの行動を制約されたとき、彼の思想と行動を継承するだけでなく、発展させる人たち、自分をのりこえていく人たちを創りださないではいられなかった。しかも、自らの死という実物教育によって、断固として行動するという覚悟を青年たちに与え、最後の教育としてやってのけたのである。

吉田東洋と松陰との差

この時期に、幽囚となることによって、すぐれた弟子たちを育成した人として、吉田東洋（一八一六〜六二年）がいる。東洋は長州、薩摩とならんで、明治維新に大きな役割を果たした土佐藩の参政として、藩の改革をすすめた人物であるが、安政元（一八五四）年酒の席で藩主の縁者の無礼を怒ってなぐったことから、参政の職をめしあげられたばかりか、城下に住むことさえ、禁じられてしまった。安政二年には、新居をつくって永住の覚悟さえきめなくてはならない状況においこまれたが、東洋はここで安政四年の終りまで、二年あまり、青年を集めて教育した。

東洋亡きあとの土佐藩を動かし、大政奉還をやってのけた後藤象二郎、福岡藤次、神山左多衛をはじめとして、三菱をつくりあげた岩崎弥太郎、その他、多数の人々が、東洋の少林塾で学んだ青年たちである。

だが、変革者松陰に対して、改良派東洋という対照的な違いは、弟子たちにもあらわれていて、松陰の弟子たちの多くが変革者であったのに対して、東洋の弟子たちは大抵、改良派の道を歩んでいる。あらためて、変革者は変革者を、改良家は改良家をつくるものであることを痛感する。

現代になお通用する松陰の思想

今日でいうなら、すぐれた労働者を育てるのはすぐれた労働者的自覚をもった教師であり、すぐれた経営者のみがすぐれた経営者を育てることができるということになろう。

今の教師たちが自分を労働者といいながら、労働者を育てる確信と喜びをもっていないとすれば、その教え子たちに提供できるのは、抽象的で中途半端な知識以上にいかないことははっきりしているし、彼らと同行同学する教え子たちが育ってこないこともはっきりしている。

松陰は当時の時代転換を前にして師道の確立を強調したわけであるが、今日の時代転換を前にして、師道の確立は一層急務なのではあるまいか。ことに六十万人をこえる教師を必要としている今日では、いよいよ軽々しく師となり、弟子となっていくしかないからである。学校を選ぶことだけはいよいよ真剣になりながら、師を選ぶことにはますます無関心になっている現状は狂っているというしかない。そろそろ、師道の確立が真剣に強調され、日本人全体のテーマになってもいい時期である。

感覚から実践へ

まず志の確立から

変革者の教育というか、人間を変革して、変革者に育てていくことの厳しさを身を以て感じていた松陰の教育は、当然、普通とは変わっていた。変わらざるを得なかったのである。

「先生が忠臣、孝子、烈婦の身を殺して、道理の実現にたちむかっていく姿を話されるときは、きまって、眼に涙を一杯ため、声をふるわせながら話をされる。甚しいときは、熱涙がぽたりぽたりと書物の上におちるほどであった。講義をきく私たち門人も思わず感動して涙を流したものである。反対に逆臣がその君を試するような話のときは、怒りのため、まなじりがさけ、髪がさかだちする有様であった。しかも、その時の声はぴくっとするほどに大きかった。私たちもいつか、先生とともに、これをにくむ感情をわかしていた」（松下村塾夜話）。これは講義をする松陰の姿を語った弟子の言葉であるが、松陰教育の中心はすべてここに集約されていたといってもいいすぎではあるまい。志なくして学ぶことの無意味と弊害を痛感した松陰は、同じく、志なくして師となり、志なくして弟子となることの弊も痛感していたために、志を弟子の中に確立することを、第一の目標におくという、一般の常識をうちやぶる考え方にたったわけであるが、その志とは、彼にとっては、道理への感覚・感情に支えられ、つらぬかれたものであった。

感動をナマでぶつける

松陰は、道理の実現にたちむかう行動は規則や命令から生まれないことも知っていたし、志を支えるものとして、志と同じ程度に重要な位置をしめる気迫にしても、この感覚、感情とは無関係などころか、深いかかわりのあることを知っていた。とすれば、松陰教育の最大のねらいが、道理への感覚・感情をめざめさせ、強めるというものになったのも、自然の理であった。

もちろん、松陰はそのために涙を流したり、怒ったりの演技をしてみせたわけではない。ただ、彼は自らの燃えている感情で生徒の感情に灯をともそうとし、またともすことに成功したのである。忠臣・義士・烈婦の物語を読み、それを抜き書きする喜びにまさるものはないと感じていた松陰は、その喜びを、その感動をそのまま弟子たちにぶつけていった。

松陰が、中国各時代の史実から、忠臣・義士・烈婦の話をぬいてまとめた「鴻鵠志」にしても、春秋左氏伝、史記、漢書から、忠孝節義に関する言行をあつめてつくった「明倫抄」にしても、また烈婦登波の話を「討賊始末」にまとめたのも、すべて、道理の感覚、感情を教育する素材としてであった。

かつては、詩文を軽視していた松陰であったが、詩文が人間に勇気をあたえ、人間の心を浄化していく作用をもっていると知ると、今度は積極的に詩文もとりいれていく教育に変わっていった。

すさまじい感情教育

松陰は、どんな弱虫も、これらの行動とむきあっていれば、それに刺激されて、感情、感覚に革命がおこり、強い心に変わっていくと信じたし、現に変えていくことに成功したのである。そして、最後には、松陰自身が自らを殺して道理を実現することによって、弟子たちの中に、より激しい、より強い志をふるいおこそうとするのである。即ち道理のために死んでみせるのである。私が死んでみせたら、弟子たちの迷いも弱気もふっとぶだろうと確信して、道理の実現のためにとりくむ覚悟と姿勢の実物教育をやってみせたのである。

これほど、すさまじい感情教育、感覚教育はない。人間をその根底で変えずにはおかない教育である。人間が動物と違うところは、道理の実現にたちむかっていくところにあると考えていた松陰、しかも、人間でありながら、それをもちあわせない人たちが多いのをみて、道理の感覚をめざめさせ、強めていこうとしたことは、人間を人間にする教育であったということができる。

今日、感情教育、感覚教育を芸術によってであろうと、宗教によってであろうと推進しようと考える人たちも、このすさまじいばかりの松陰の教育、いいかえれば、教師自身に、他人の魂をゆさぶるだけの芸術的感情、宗教的感情が豊富になくてならないことを知らなければならないだろう。

だからとて、道理への感覚をめざめさせ、その感覚を強めて、人間らしい人間に育てあげたとしても、それだけでは、具体的な個々の人間として、現実をどのようにうけとめ、どのように行動していけばよいかわかりようもない。松陰が次の段階で、めざし、重視したものは歴史教育であった。もちろん、道理の実現にたちむかった忠臣や義士たちの思想と行動にふれて、志を養うことも歴史教育の一つと考えたが、松陰が歴史教育の名の下にねらったものは、もっと別のところにあった。

歴史の目的は現代を知ることにある

漢学者が中国にのめりこみ、蘭学者がオランダにひかれる。それは人情だとしても、日本人でありながら、日本人であることを忘れたような漢学者や蘭学者に、はたして、本当の中国やオランダがわかっているのかという疑問、日本人を意識することはいい、しかし、現代という時代を理解できずに、鎖国を主張している人々への疑問。松陰はそこから出発して、日本人に日本人であることを教え、日本人を歴史の流れの中に位置する現代人として、仕立て上げてゆくのが歴史教育であると考えた。

そこで、はじめて、現代の道理を知り、その実現も可能であると考えたのである。しかも、松

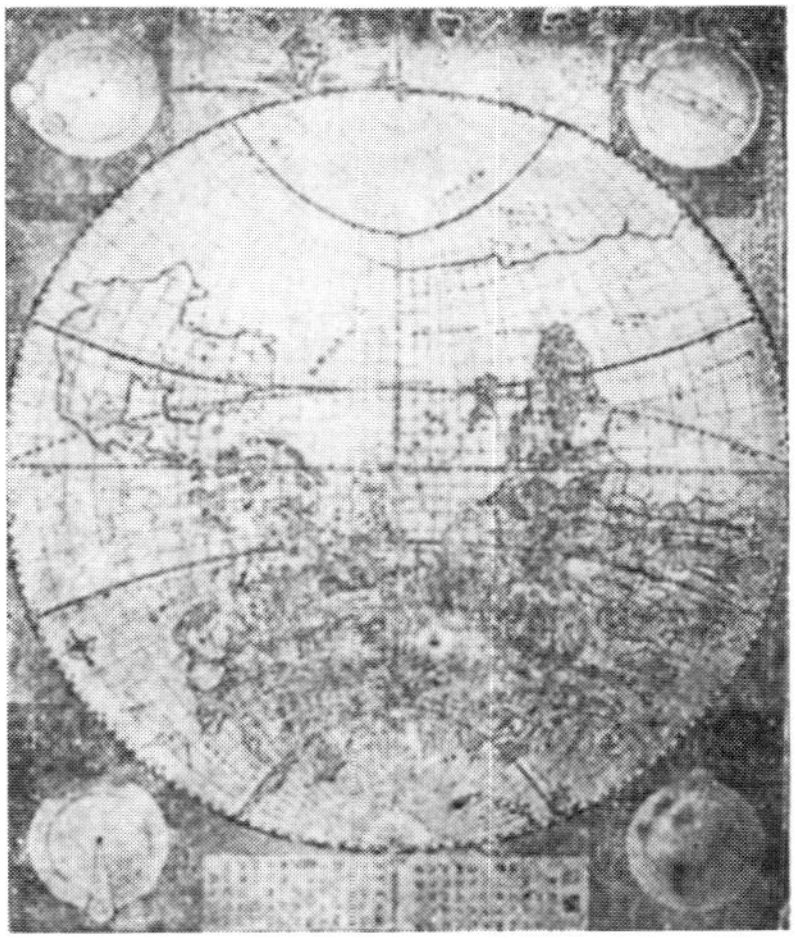

司馬江漢の地球図

陰の歴史教育はもう一つ徹底していた。

「国史は近古より始めよ……。近古は藩史より始めるがよい」（玉木彦助への手紙）という考え方は、具体的な人間として、考え、行動し得る範囲をしっかりとたしかめさせようという態度である。しかも、彼は、歴史を古代からでなく、現代から学ばせようとしたのである。ここには、自分以下でもなければ、自分以上でもない、ぎりぎりの現代人として、自分の足もとから、着実に行動をおこさせようとする配慮がある。

日本との関連の中で、まず、自分が変革の対象として取りくむ長州藩を明瞭につかませようとしている。それはまた、長州藩を無視して、天下・国家を論ずることをきびしくいましめた松陰の政治的立場にも通ずるものであった。

松陰の歴史教育はつねに、地図をそばにおいての指導であったが、それは単に歴史地図をそばにおいて指導するのと違って、日本における長州の位置、世界における日本の位置をたえず、弟子たちに意識させることをねらったものであることが想像できる。

「外国のことに明るく、日本のことに暗いのは学者の通弊である」という松陰の言葉は、その後の百年間にもそのままあてはまるようである。日本のことに暗い学者の盲点につけこむように、第二次大戦がおこり、その後の変革をたどたどしいものにしている。

松陰の歴史教育の立場は、今日なら、さしずめ、「それぞれの属する会社史、組合史、地方史から始めよ」ということになろう。

知識と実践

さて、現代の日本人として、道理を実現しようとする志と道理の内容をつかませる松陰の教育も、結局は実践にあった。弟子たちを実践にかりたてるためであった。実践せずにはいられない人間をつくることにあった。

行動にまでいかないものは、人間にしろ、識見にしろ、松陰にとっては、唾棄すべきものであり、憎むべきものでさえあったのだ。暴力の前に、困難の前に行動を思いとどまらせるような識見は、少なくとも松陰にとっては識見の名に価しなかった。

「真に深く道理を知れば、誰でも必ず行動におよぶ」（武教全書講録）というのが、彼の知識論であり、「何もしないで過誤がないよりは、何かをして誤った方がよい」（武教全書講録）というのが、彼の実践論の基調をなしていた。そして、知識と実践の関係は「智にして行を廃するのは真の知にあらず、行にして知を廃するは真の行にあらず、知と行は先後相俟《あいま》って、はじめていいのである」「知は行の本、行は知の実。二つのものは、離れることはできない」（講孟余話）と考えていた。

松陰の行動優先主義

知識と実践の関係はともかくとして、なぜこんなにも、松陰が行動を重視し強調したかといえば、当時、「正論がないわけではないどころか、知っている者や口にする者が多いにもかかわらず、実践する者があまりにも少ない」（幽室文稿）のを悲しんだ結果であった。

だからこそ、松陰は、知識は大変たのむのに足るものだが、また、たのむに足らないのも知識であるという反省から離れることができなかったのである。

しかも、松陰は、実践の持続性を問題にした。少年や青年の客気《かっき》に支えられた見解は、まだ定見でない以上、高い評価を下すことはできないと考えたのもそのためだった。自らは寸暇を惜しんで読書した松陰、弟子にも万巻の書を読むことをもとめた松陰でありながら、知識なしに道理を行うことなど思いもよらないと考えた松陰でありながら、知識教育を彼の教育の最下位においていた意味を、今日もう一度検討してみる必要がある。

松陰にとって、知識教育は既定のものであり、出発点にたつものでしかなかった。改めて強調することもない、あたりまえのことでしかなかったのだ。今日の、知識の習得を最終の目標と考えているのとは、あまりにも違いすぎている。

この実践教育をめざして、松陰がやったのが産学並行の姿勢である。このことはすでにちょっとふれたが、生産活動と学習活動を並行させるやり方である。その場合、松陰は農工商の知識を重視しない人たちと、知識の偏重におわって生産活動を軽視している人たちとをぶつけることによって、どちらも欠けていること、不十分であることを発見させることによって、両者に変革をおこそうとした。

中国共産党の大西遷が、中国の知識人と中国の労働者、農民を同時に変えていったことはあまりに有名であるが、第二次大戦中、軍隊生活と疎開生活は日本の知識人、労働者、農民を変えるに足る十分なチャンスであったが、それをにがしてしまった。

百年前の松陰の教育を生かすこともできずにいて、戦争中、松陰の教育がやかましく強調されていたのだから、松陰は、さぞ、地下でにがにがしい顔をしていただろう。

変革のための集団教育

志をもたせることに出発した松陰の教育が、最後に行きつくところは集団教育である。

道理の実現が時代の変革である以上、松陰が集団の中の一人としての自覚をもたせる方向にすすんだことも当然である。変革された個々人を組織した集団の力が、はじめて時代を変革できる力になることは、松陰ならずとも誰でもが知っていることだが、松陰の違うところはそれを実際にやってのけたところにある。

松陰はいう。「諸君は大義を以て相交わり、病気や艱難《かんなん》の時はともに相扶《あいたす》けあい、諸事すべてをなす場合は、骨肉の如く一体でなくてならない」と。

塾の増築に、大工の力をかりないで、塾生皆でその作業をしたのも、骨肉、手足の関係を塾生にしらせ、集団と組織の力を塾生に体得させることがねらいであったし、その場合、作業にたくみな者を中心に編成し、松陰自らは一作業員として、それに参加して、あくまで、その作業員の立場と限界をきびしく守ってみせるなど、集団、組織のあり方を実際に教えている。

政治をめざす「我が党の士」

須佐の育英館との交流もこの頃のことである。当時、松陰がもっとも恐れていたのは、村塾の先輩たちが、それぞれの要求と計画にもとづいて、江戸に大阪にあるいは京都に遊学して、ひたすら勉学しながらも、塾に残っている後輩のことを気にしているのに対して、塾に残っている者たちが、その気持を顧みることなく、のんびりすることによって、両者の間が離れ、ばらばらになることであった。育英館との交流は、先輩と後輩を結びつけ、後輩が先輩の期待に応えることであった。

松陰が、塾生を紹介する場合、「異体同心の友」としてであり、塾生の思想と行動を自分のそれと思っていただいていいし、自分を信ずる塾生を信頼していただいてもらっていいなどといっているのは、集団・組織としての生き方に徹していたしるしであるし、それは同時に、集団・組織の一人としての自覚と行動を塾生に求めていたことでもある。

ことに安政五年になって、時代と社会の矛盾が激化し、時代が緊迫してくると、村塾教育は、これまでの実績をふまえて、はっきりと、「我が党の士」の育成強化にふみだすし、村塾を政治団体化していく。そして、我が党の士を結びつけるものは、松陰を盟主にした、道理への感覚であり、意識であったことも、松陰の思想的立場からいって、これまた当然なことであった。

組織的な実践団体へ

松陰は、さらに三人を一つの単位として、相互に相補い、相協力させる姿勢をもたせるように教育しはじめている。岡部富太郎を中心にして、寺島忠三郎、有吉熊次郎を一団にした教育、あるいは品川弥二郎を中心にして、寺島忠三郎、増野徳民を一団にした教育。しかも、富太郎を中心にした場合には、年長者である彼を中心にして、他の二人によって富太郎の短所を補わせるように配慮し、品川弥二郎を中心にした場合には年齢にかかわらず、人物、能力を主にしている。ここには、単なる集団教育から、実践団体、政治団体を育てるという立場に発展しているのがみられる。

松浦松洞がつねに吉田栄太郎あての松陰の手紙を読まされることに不満を述べたとき、「とんでもない」と松陰はいましめている。

松陰なきあと、塾生が団結して、松陰の思想を継承し、発展させていったことは、何よりも、このことを証明している。松陰に長く師事し、松陰の期待をうけていた増野徳民が、彼なきあと、父の厳しい要求をはねかえすことができずに、塾生の集団から脱落してからは、山間の一医師として、生涯をうつうつとして世を送ったのも、逆に集団教育の意味と価値を教えられそれを知悉《ちしつ》しながら、その意味と価値を放棄した自分へのいたみと反省であったといえよう。

本当に、その意味と価値を知らなければ、けろりとして、功臣づらして登場したであろうし、また、どんなにでも弁解したであろう。それのできない組織の一人として、つくられていたのである。

規律よりも自律を

普通、集団・組織には、規律とか規則が不可欠なもの、決定的に必要なものであるかのごとくに思われているし、強調されている。だが松陰は違っていた。彼もはじめは、塾の規則を考え、それを書いてもみた。松陰の書いた塾則には、「両親の命必ず背くべからず」とか、「塾中においては、よろず応対と進退を礼儀正しくすべし」など、五項目あるが、ついに、彼は、これを机の中にいれたまま、塾生の前にみせることがなかったのである。

規則一つについても、深く、その得失を考えた上で、塾生に接していたことがわかる。このため、村塾には、何の規律も規則もなかったのである。おそらくは松陰は、規律を設けることは、有志の人を遇する姿勢ではないと考えたに違いない。たしかにそれは、真に学びあう学友をもっている者、真に学ばんとしている者には、無用の長物であるはずである。

集団や組織を規律あらしめるのは、相互の厳しい切磋《せっさ》である。この切磋さえあるならというのが松陰の考え方であったろう。真に学ぶ者には自律こそ必要であって、他律によって、自分を律するということは滑稽なことである。松陰は塾則をもって、塾生に接しようとした自分の未熟さを知ったときには、おそらくぞっとしたに違いない。相互の切磋なく、規律なしには、自分をたもてない者は、塾生でもなければ、我が党の士でもなかった。この切磋に耐え得ない者も失格者であった。

むしろ、規則を設けないで、自律の道を、相互切磋の道をすすませることが、より厳しい道であること、変革者の教育はそうでなくてはならないことを松陰は、知悉していたのである。

今日、集団教育は再び強調されているが、それは、かつての軍隊教育のような教育でなくて、個を確立した集団の存在である。その意味で、松陰の教育は再び、光をあてられる必要がある。

松陰をめぐる人々

思想的に最も大きな影響を与えた佐久間象山

松陰の思想形成にかかわった人たちは大変多い。彼は村塾で数十名の人たちを育てたが、それと同じくらいの人たちが彼の教育にたずさわったということがいえよう。だが、ここでは松陰の思想と行動に決定的なまでの影響をあたえたと思われる人たちにかぎって考えてみたい。もちろん、彼らは教育者松陰の育成よりも、思想家として、変革者としての松陰の形成にかかわった人たちであるが、まず第一に考えられるのは象山である。

国禁を犯して、海外に密航しようとする計画は松陰の運命を大きく変えたが、この計画は象山との出会いなしには考えることができない。このことをふくめて、象山ほどに、松陰の思想と行動に前進と発展をもたらした人はいない。

この象山は、文化八（一八一一）年信州松代藩の藩士の家に生まれ、早くから、兵学、自然科学の方面で、頭角をあらわした。象山自ら、「僕は二十代では一藩の運命にかかわり、三十代では、日本の政治に、四十代では世界の方向にかかわる」と、自負するほどの男であったが、その言葉通りに、自ら新式の大砲をつくり、農業技術の改造を実地に指導し、あるいは、自分の禄を抵当に、藩から金を借りて、オランダ語の辞典をつくろうとするなど、学者、経世家として、当時の代表的人物であった。

変革者を育てる象山の思想

松陰が弟子入りしたのは、象山が世界の方向にかかわろうとした四十一歳のときであった。松陰が象山にうちこむのは、嘉永六年、象山四十三歳のときからであるが、おそらく、世界にむかって、動きだそうとする象山にとって、同志としての松陰は、識見といい、決断力といい、行動力といい、気迫といい、まさに最適の人物であったに違いない。

日本の方向を定めるには、世界の情勢を知らなくてはならないと考える松陰と、世界にむかって踏み出そうとする象山とは、当然、意気投合する。松陰は、「法は人間のつくったもので、時代とともに変わるものである」（回顧録）という象山の言葉で、国禁を破るという大障害をのりこえることができた。

法律は絶対なものでなく、時代とともに変化していくもの、また変化しなくてはならないものという象山の意見のもつ意味は大きい。現実は規則、法律に優先するという考え方は、人々を変革者に育て、変革者を支える立場でもある。

象山は、脱出を企て、長崎へ赴こうとする松陰に、「環海なんぞ茫々たる。五州自隣を成す。周流形勢を究めなば、一見百聞にこえん……」という詩を贈って激励した。

松陰は失敗し、象山も彼をそそのかしたという理由でつかまり、死刑になるところを、親友である幕臣川路聖謨《かわじとしあきら》の奔走で、それぞれ藩あずかりになった。松陰はこれから、教育者への道に転換していくわけであるが、象山は松陰の失敗により、世界にのりだすチャンスを永遠に喪失した。象山が世界にのりだすためには、松陰はなくてはならない人間であったが、松陰の方は、象山の指導をきっかけとして、活動の舞台こそ獄中という狭さであったが、その思想は大きく飛躍していく。それまでの松陰をとらえ、松陰の心の中に位置していたものの一角が崩れはじめるのである。

象山への手紙を運んだ晋作

松陰はこれを最後として、再び、象山に会うこともなかった。安政六年四月、野山獄から、松陰が象山に発した質問も結局、答を得ないままに終わった。その質問というのは、幕府、諸侯は何をなすべきか、日本の独立のためには何からなすべきか、男子の死所はどこにあるかという三つからなっていた。

これは、松陰が師象山につきつけた遺言であり、課題でもあった。その後の象山は、この質問に答えるかのように、日本の独立と発展のために幕府や諸侯を動かし、退くことがなかったし、その過程で、白昼、京都の路上で、刺客のためにたおれたのである。

松陰のこの手紙を象山の所に運んだのは、彼が、最も信頼し、期待した高杉晋作であった。松陰は、晋作を「年も若いし、学問も経験も浅いが、識見は一般の者より、ずっと卓越しています。私は兄のように重んじています。先生がもし、まだ、私を見捨てていませんでしたら、私に語るように語って下さい。それは晋作の喜びだけでなく、私自身の喜びでもあります」と紹介した。松陰は、最も尊敬する師象山に、最も信頼する弟子晋作を紹介したのである。

討幕の是非をつきつけた僧月性

次は月性と黙霖である。

安政二年三月九日、松陰は、月性にあてた手紙に、「天子に請うて、幕府を討つことはほとんど不可能である。こんな大事業は一時の悲憤慷慨《ひふんこうがい》でできるものではない。将軍は、その職責を十分に果たしていないが、諸藩はそれすらおよばない。ことに、大敵を前にして、日本が危機にたたされているとき、兄弟げんかをしているときではない」と書いている。

これは、月性が中村道太郎、赤川淡水、土屋蕭海《しょうかい》を相手に討幕の必要を説いたことをきいて、松陰が意見を述べたものである。この手紙は、松陰が討幕主義者でないことを証明するために、よく引用されるものであるが、むしろ、この手紙は、松陰の思想形成において、重要な意味をもっていたと理解すべきであろう。すなわち、松陰は、月性から、討幕の是非、その可能性の問題をつきつけられ、つねに、この問題を考えないではいられなくなったということである。

これ以後、松陰と月性がとりかわす手紙の多くは、幕府の外交問題、対朝廷の問題を中心に論じている。ことに、安政五年、幕府がアメリカにおしきられて、通商条約に調印しそうだと聞くと、「それは降参することであり、属国となる」ことだ、と月性に一月四日、十一日、十九日と怒りの気持をぶちまけるほどに変わっている。

幕府と対決していく松陰の姿勢は、月性に誘発され、月性とむきあうことによって、だんだん育っていった。だが、月性は、この年の五月、病死したために、ついに、松陰が討幕にふみきったことを知らないままに終わった。

憂国の僧黙霖との出会い

月性が海防僧といわれたのに対して、当時勤王僧といわれていた黙霖も、月性に劣らぬ影響を松陰に与えた人間である。黙霖は文政七年、安芸長浜に私生児として生まれ、しかも若くして、耳が聞こえなくなったため、苦労のかぎりをつくしてやっと僧侶になった男であった。松陰と黙霖の文通も月性と同じ安政二年にはじまった。

「自分の心をまげて、相手に合わせてもいけない。同時に相手の心を無理に自分に合わせようとしてもいけない。お互いに力のかぎり論じあうべきである。お互いの心を大事にして交際するのが心友というもので、もしも自分の心を捨てて、相手の心に合わせるなら、心友とはいえない。

僕と貴方とは意見は違うが、日本を憂うる心は同じである。だから、心友である」と、松陰が安政三年八月書きおくったのに対して、

「憂うる心は、同じく見えても、貴方は藩士の立場から、日本の現状を憂えているのに対して、私は王臣という立場からであって、全く違っている」という返事が、黙霖からやってきた。

松陰はすぐさま、筆をとって、「貴方のように独立独行で、将軍も諸侯も断じて許さぬという立場には、私として同ずることはできない。とくに、人は過ちを改めて善に移り得るということを忘れることは悲しいことである。私としては、藩主をいさめ、藩主から将軍を何度もいさめ、どうしてもきかないとき、はじめて、天朝の命をうけて、幕府を討ちたい」と書き送った。

だが、そういうやりとりの中で、次第に、「国家の衰退や外国の侵略を憂うるのは、天朝を思うからであって、これまでの自分のように国（藩）を憂えて、天朝の事を思うのはまちがいである」（七則を読む）と発展していく。この考え方が、幕府否定の立場に発展していったのはいうまでもない。

強く結ばれた久保清太郎との友情

松陰のすぐれた教育力、感化力も、彼を助けた人々があってはじめて、成果をあげたといえる。その意味で、彼を助けた人々のことを忘れることはできない。

その一人が久保清太郎である。清太郎は天保三年、五郎左衛門久成の長男として、生まれた。

五郎左衛門が松陰の養父大助の妻の養父であり、家も近かった関係から、清太郎と松陰とは幼友達として育ち、玉木文之進の松下村塾にも一緒に通った。その後、松陰が兵学師範となり、清太郎はその門下になるわけだが、終始、友人として交わり、獄中で孤独をなげく松陰の心を、一貫して変わらぬただ一人の幼友達として力づける存在でもあった。

激しすぎ、感情的でありすぎる松陰と清太郎のかわらぬ友情を支えたものは、松陰も認めている、清太郎の「喜びや怒りを外にあらわしたこともない」ような静かな性格、「軽々しく人をほめることはしないが、認めたとなると逆に軽々しく変わらない」態度であった。清太郎には事務能力があった。松陰は、とくにそれを高く評価したし、何よりも、清太郎を清太郎のままに愛し、清太郎に一度も清太郎以上のもの、いいかえれば、彼に激しい志士としての行動や発言を求めなかった。もちろん彼を変革者として育てようとしたことがなかったのではない。そこは変革者松陰のことであり、自分の周囲のどんな人をも変革者に育てようと考えた教育者松陰のことである。

久保への深い思いやり

安政二年二月、江戸にでかける清太郎にむかって、野山獄から、江戸で会うとよい人々の名前に一つ一つ説明を加えて書き送っている。それらは松田重助、轟木《とどろき》武兵衛、長原武、鳥山新三郎、桜任蔵、北山安世など、すでに松陰と交わって、江戸ではみな一人物とみなされている人たちばかりである。

君子ではないが、四方の情報に通じているということで、松浦竹四郎という人にも会うとよいとすすめている。しかも、江戸にいった清太郎からは、これらの人についての批評もなければ、清太郎自身、誰を師とし、誰を友にし、何を学ぼうとしているか、少しも肝心なことは書いてこない。そこで盛んに手紙をやって問いただすが、明瞭でない。

ただ、松陰が頼みとする後進の人たちの世話は大変よくする。松陰はいつか、清太郎を深く知るようになり、彼には、変革者の思想と行動を理解できる能力、それに、清太郎の立場から協力する姿勢だけを求めればよいと考えるようになる。

だから、安政三年に江戸から帰国する清太郎に百日ぐらいの暇をもらって、水戸、相模、下田、伊勢、大和、京都、大阪を歴遊することをすすめているのも、彼の眼を見開かせておこうとする松陰の配慮であった。

真に信頼できる友

安政六年のはじめ、松陰は入江杉蔵にむかって、清太郎のことを「一見愚のようにみえるが、中味は決してそうではない。とくに、終始一貫して変わらないところが彼のいいところ。僕は、はじめは彼を愛していたが、だんだん、彼を尊敬するようになり、いまではよく苦難にたえる姿勢を畏敬している。感情を顔や言葉にあらわさない態度には、僕は全くおよばない」といって、真に信頼できる人間として推奨している。

松陰が心に苦しみのあるとき、悩みのあるとき、それを訴えた相手はいつも清太郎であった。もちろんそれで解決できるわけでもないし、彼からすばらしい意見がかえってくるわけもなかったが、安心して清太郎には語れたのである。その意味では、彼は松陰のよき聞き手であった。そういう人物だったのである。

交友期間が長かったせいもあるが、兄梅太郎についで、松陰の彼あての手紙は多い。この彼も、松陰の死後、文久二年頃からは志士的活動をはじめているが、藩士の枠の中で動くことだけは終始変わらなかった。

松陰を助けた桂小五郎

松陰を思想的精神的に助けた人に桂小五郎（木戸孝允）がいる。小五郎は、嘉永二年、十七歳のとき松陰の兵学門下生になり、以後、一貫して松陰に兄事《けいじ》している。天保四年生れ。清太郎と同じく、彼の同志であると同時に村塾生たちにとっては終始指導者であり、相談相手であった。松陰以外に、村塾生を指導できる人物としても、また、松陰のなき後、村塾生たちの先頭にたって行動できる変革者としても、小五郎以上のものはなかった。

松陰は、来原良蔵（松陰の古い友人で、松陰の亡命に関連して罰せられた仲）とならんで、小五郎を自分の志を最も深く理解してくれる人間であり、自分もまた、他の誰よりもまた彼をよく理解していると思っていた。安政四年、象山の免罪運動を小五郎に依頼したのもそのためであった。今日、象山を蟄居させておくのは日本にとって大損失という松陰の考えは、小五郎も同じだと考えたのである。江戸に遊学する高杉晋作たちの指導や面倒も小五郎にたのんでいる。

だが、安政五年秋から、時代の切迫を感じとった松陰は決起し、小五郎と松陰の間は次第にはなればなれになっていき、ついには、小五郎は、松陰と村塾生との間を裂こうとする。一時は怒った松陰だが、結局は「小五郎も考えあってのことだろう」と理解する。

小五郎が松陰の教育力、感化力を高く評価していたことは、二人の間が最も冷たいときに、厚狭《あさ》の市川茂太郎に添書をもたせて、松陰の所に送りとどけ、入獄前の松陰に一目あわせ、学ばせようとしていることでも明らかである。

江戸獄にはいってからの松陰は、水戸藩の人たちにむかって、塾生以外で、同志としてともに事を謀るに足る人間として極力推挙したのは来原良蔵と小五郎であった。ただ、松陰はこの二人を晋作や玄瑞ほどに大器とは思っていなかった。武人としてしかみていなかった。ことに、小五郎に対しては、親しむべき人間であるが、学問と気迫が足らないために、事の断行をあやまりかねないと思っていた。

橋本左内への非常なる敬意

松陰の同時代人として、松陰が忘れることのできない人々がいる。その一人は松陰が刑死に先

橋本左内（1834〜59）
越前藩士。安政６年小塚原刑場の露と消えた。

だって面識のないことを悲しみ、ぜひ、その意見をきいてみたいと思った橋本左内である。お互いに生きていたら、相会うて、意見をきいてみたであろうことはいうまでもない。松陰が、それほどまでに敬意を払った左内とは、天保五（一八三四）年福井藩の藩医の子として生まれ、松陰と同じく、若いときから、秀才の名をほしいままにした人間であった。十六歳のときから約二年半、緒方洪庵に学び、父の死後は医者としての生活をはじめ、嘉永六年の黒船には、当時二十歳の左内がしめした関心は、深いものではなかった。

だが、安政元年、江戸にでてから、杉田成卿《せいけい》についてオランダ医学に専念し、松陰密航の失敗を耳にした頃より、急速に時代の動きに眼を開いていく。安政二年には、水戸藩の人たちとの交際がはじまり、医学から、化学、兵学に移っていった。左内が政治におどりでたのは、安政四年、藩主松平春嶽《しゅんがく》が将軍継嗣問題で動きはじめたとき、その腹臣としてであった。春嶽はその西洋事情についての知識から、日本の生きる道は開国通商しかないと考えていたが、左内もまた、西洋列強のアジア侵略をおそれる一人であり、それに対抗するためには、英明といわれる一橋慶喜をたてるしかないと考えて動いたのである。

幕藩体制の矛盾を痛切に感じる

当時の左内が構想していた政権は幕府を中心としたものであり、幕藩体制の強化による統一国家ということを考えていた。そこには、松陰が構想しはじめていた、藩や幕府をこえたところを志向するものはなにもなかった。ただ、松陰が最後の時点で、やっと辿りついた天皇の超克については、左内はいとも簡単にやってのけていた。というよりも、彼にとって、超克すべき対象として、一度もむきあったことはないのかもしれない。左内の朝廷批判は鋭い。

「朝廷の制度は全く古い形式ばかりで、昔になかったことはなにもやれない。政権が朝廷に帰したら、忽ち、外国のために征服されてしまおう」（中根への手紙）

「おそれながら、天子や公卿のように、優柔不断では、日本はますます衰退していくほかあるまい」（福井藩への手紙）

「諸侯の気持が天子に通じたからといって、それで、日本が独立をたもてると御考えなのか」（福井藩への手紙）

しかも、左内自身、幕藩体制強化のために、春嶽の意を体して奔走しながら、幕府の政治にかかわったという理由で、謹慎ですんだ春嶽と違って、死罪になるのである。これでは、左内としても、大いに心外であったろうし、死を直前にして、幕藩体制の矛盾を最も鋭く感じたであろう。この左内の名を松陰は留魂録《りゅうこんろく》に書き残したが、塾生たちは誰一人として、左内を学ぼうとはしなかった。

海防策を献言する梅田雲浜

　左内と違った意味で、松陰の運命に大きくかかわったのが梅田雲浜である。江戸伝馬町の獄で取調べられた中心点は雲浜との関係であった。左内が安政の大獄でたおれたことは、すじが通らないし、気の毒というしかないが、雲浜の場合は、それに最もふさわしい代表的人物であった。天保十四年以来京都に住み、嘉永二年、はじめて海防策を献言した。彼の献言は、外国の侵入が激化するにつれて激しくなった。しかし、彼の藩主は長州藩主ほどに、もののわかる男でなかった。逆に、嘉永五年に士籍からはずされてしまった。だが浪人となった雲浜の生活はかえって活発化していく。

梅田雲浜（1816～59）
小浜藩出身の志士で京都に塾を開いたが、安政大獄に連座して獄死す（国立国会図書館蔵）

　思想的にも、雲浜は左内とは対照的で、すでにのべた月性、黙霖の立場に共通し、すべての行動は、天朝の考えに従い、それを奉ずるということで貫かれていた。彼の攘夷論にしても、外国によって、天朝が侮《あなどり》をうけるということは断じて許さないという考え方にたっていた。松陰と雲浜との出会いはすでに述べたように、嘉永六年十二月京都においてであり、ついで、安政元年二月三日の江戸においてであった。「雲浜は事務に練達していて、議論もすじが通っている。その上、策も精密である」と最初の印象を記している。

雲浜の尊王思想に傾斜

雲浜が京都と長州との物資の交流と思想の交流をはかって、萩についたのが安政三年十二月であった。雲浜は藩の重役を相手に説得をつづけて成功。松陰もこのことを率直に喜んでいる。もちろん、雲浜は松陰を訪ね、二人は会談している。これが、雲浜と長州藩の志士との行き来を深めていくことにもなる。久坂玄瑞が松陰の思想を継承し発展させる方向に行かず、その前の時点でとまったのも、安政五年七月、雲浜にあって、彼の尊王思想に深く傾斜していったことが大きく影響している。この頃、雲浜の影響をうけたのは玄瑞ばかりでなく、松陰の友人中村道太郎、福原清介、門人荻野時行、杉山松助、山県有朋など非常に多い。単純な有朋など、松陰から余り学びとらなかったが、雲浜からは大いに感奮興起されたらしく、彼自らも、後年、そのことを懐しげに回想している。雲浜も彼を大いに評価したということである。松陰の弟子たちが、松陰の願いをよそに左内の思想は全く吸収できず、雲浜の方向にだけのめりこんでいったということは、弟子たちの中の思想的未熟さもあったが、松陰の限界と雲浜の偉大さが生みだしたものであった。

九月十四日、取調べ中に病死、四十五歳。

第三章　村塾の人間教育

明倫館と松下村塾

藩校明倫館の設立

享保四（一七一九）年の正月十二日、藩主吉元のとき、はじめて、長州藩に藩校明倫館が設立された。これは、徳川幕府が昌平坂学問所を開設したことに刺激されて、佐賀藩がまず弘道館を設立し、ついで岡山藩、会津藩などに藩校がつくられていったのに影響されたもので、二百八十諸藩のうち、第十二番目にあたり、このときにはまだ、熊本、高知、鹿児島、福井など幕末に活躍する諸藩の藩校は生まれていなかった。

藩主吉元は毛利元就の四男元靖の玄孫で、明倫館設立に先だって、その前年の享保三年には、これまで、文武の師範の地位が低く、禄も少なかったので、一般から軽視されたばかりか、本人たちもそれを気にするという有様で、それが、文武の発展をさまたげていることを知って、中士の下位の者は中士の上位に、下士の上位の者は中士の下位へとそれぞれ地位をあげ、禄もふやしていった。

しかも、できあがった明倫館では、この当時すでに、学問をしたい農民、町人には自由に講義をきくことを許可している。彼らに課せられたものはせいぜい、はかまをつけて出席するということであったし、家の貧しい者のためには給費制度も確立している。

敬親の大英断

福沢諭吉は中津藩の場合、「治世二五〇年の間に下士が上士になったのは三、五名にすぎない」（旧藩情）と書いている。中津藩には中士がなく、上士と下士に身分がわかれていたのであるが、わずか三、五名の昇進と違って、長州藩の場合はどんどん、有能なものを昇進させている。文武の師範の地位を一階級ずつあげたのをはじめ、吉元の次の宗広が藩主のときに、明倫館教授になった小田村文助や山根七郎左衛門はともに下士以下である足軽出身であったが、後には中士の上位にのぼったし、小倉彦平も下士の上位から中士の上位にのぼり、山根七郎左衛門とならんで、明倫館学頭

毛利敬親
明倫館を大拡張した当時の長州藩主。版籍奉還に活躍した一人。

にまでなっている。そのほか、養子縁組という形で、能力ある者をどんどん師範に抜てきしている。

それが主として、明倫館を舞台に、あるいは、その周辺でおこなわれたとすれば、明倫館の空気が時代によって消長はあるにしても、概して、生新であったことは想像される。この明倫館が藩主敬親のときに大拡張されたのである。すでに紹介した松陰の意見書も、この拡張にあたって、提出したものである。

敬親はまず、江戸の藩邸内に学校を設け、ついで明倫館の拡張にのりだしたが、旧明倫館は坪数一二二〇余坪であったのに対して、新明倫館はその約十二倍という、一万四三四九余坪という大拡張であったため、工事費の捻出に苦しみ、藩主自ら、その必要を説く親書をだして、あくまでその工事を遂行させるというほどの意気ごみをしめしている。

できあがったのが嘉永二（一八四九）年三月。明倫館創設以来、一三〇年目の大拡張であり、時代も大きく変わりはじめているときであった。経常費も従来米二〇〇〇石であったのに対して、一二〇〇石になっている。新明倫館の特徴といえば、これまで、家で教えられるのが普通であった六、七歳から十二、三歳の子供たちのための教場を設けて、素読の指導をしたことである。

世界を貫く原理への道

松陰も兵学師範として、嘉永四年の三月の江戸遊学まで、この新明倫館で兵学の講義をしたことはいうまでもない。

当時の彼の教授ぶりは、

「初学者には、まず山鹿素行の武教全書をじっくりと二、三回精読させる。この本は平易なところもあるが、文章が簡潔で含蓄があり、どうしても註釈を必要とするところもある。だが、人の講義・註釈でそれを読むということをさせないで、わからないところは、わからないまま、心に感ずるところは感ずるままに胸にたたみこんでおかせる。そうすれば、自然、わからないところや、疑問をもつところがはっきりしてくる。そのときにはじめて註釈をあたえると、その点はすぐさま氷解されてくる。そのとき、自分の考えと註釈が違う場合には、その点を更に他の人の意見をきいて、決して、註釈におもねらないようにさせる。

こうして一定の見解をもつことができたら、中国の七兵書である孫子、呉子、司馬法、尉繚《うつりょう》子《し》、三略、六韜《りくとう》、李衛公問対《りえいこうもんたい》から、日本の武田信玄、上杉謙信などにいたるまで広く学ばせる。更に中国、西洋各国の書物を読んで、立国の状況、制度の変革、人情の違い、各国の政治、経済、文化の現状を学べば、偏狭固陋におちいることはなくなるし、その上にたって実用を心がければ、次第に見識は高邁に、考えは自由に、心の中は大きくなり、世界を貫く原理は一つだが、そのあらわれ方はいろいろ違っていることも知るようになる」（兵学学規）といっていることで明らかである。

自主教育を志す

この当時から、早くも松陰は、自主自得の教育の方向を志し、世界史の方向に従って、弟子達の眼を大きく見開かせようとしていたことがわかる。面白いのは、俗書などを読むことを松陰がすすめていることである。松陰は一般の世情に広く通ずる必要から、そういう書物を評価してすすめている。この時代の主な弟子としては、桂小五郎、益田弾正などがいる。

しかし、江戸遊学にたった松陰は、藩の許可なしに東北遊歴の旅行に出たことから、嘉永四年十二月には士籍からはずされ、禄もとりあげられて、自然に明倫館兵学師範のポストも失ってしまった。ついで安政元年のアメリカ密航の罪にとわれて幽囚の身においこまれてからは、彼は自らの教育の場を求める必要に迫られていく。

安政三年なかごろよりの自宅での教育、安政四年なかごろの松下村塾の教育も、明倫館教育に対立して教育をしようという明確な意識にもとづいたというよりも、変革者としての行動を奪われた松陰として、自分に代わる変革者を求める彼の気持が村塾の設立にふみきらせたといってい い。

明倫館に対立させて村塾を開設

もちろん、この頃には、文化九（一八一二）年、明倫館の学頭となって以来、長州藩教学の中心であり、新明倫館設立に大きな役割を果たしていた山県太華とは、はっきりと思想的に対立していた。

太華の明倫館記にある「世の中には、古きをまもって変えてならないものと、時代の移り変わりにつれて変えなくてならないものとがある。変えてはならないものを変えると混乱し、変えなくてはならないものを変えないと因循になる。人のふむべき道は変えてはならないが、制度文物は変えなくてはならない。学校は政治の本、教化の源で、まず第一にやるべきものであるが、学校をつくり、人材を育成するのは、単に長州藩をまもるだけでなく、日本のまもりをなすためである」という、当時としてはすじの通った学風にも、松陰は批判的になっていた。

即ち、明倫館においては変えてはならないとされている人の道を松陰は変えなくてならないと考えはじめていたのである。それを変えなければ、変えなくてはならない制度、文物も変わらないと思いはじめていたのである。それでは制度文物を変えうる人間も育たないと知りはじめていたのである。

このことは、村塾を明倫館に対立させて設立したのではないにしても、結果としては対立させることになったし、次第に松陰は村塾の教育を明倫館にまで拡大しようとするのである。村塾の教育を通じて生まれた人たちによって、明倫館を変え、更には、日本を変えうる大学校の設立も可能であると考えていくのである。十坪あまりの村塾が、一万四千余坪の明倫館にまさり、時代の変革は、かならず村塾からおこると当時の松陰は確信していた。その意味では、村塾は生まれるべき必然性をもっていたということがいえる。生まれなくてはならなかったものということもいえるだろう。

村塾の教育と塾風

熟読とノートと討論と

註釈なしに書物を読ませ、弟子たちに熟読玩味するように求めたのは、すでに明倫館時代における松陰の教育法であったが、村塾時代になると、それは更に徹底していく。

弟子たちが少しばかり読めるようになると、句読点のない白文を読ませて弟子たちを苦しめている。その理由として、松陰は、「盲者にはつとめて自ら杖をついて独歩させるのがよい。いつも人に手をひかれていると、最後まで独歩することはできない。そのように、白文を読むのははじめの間はむつかしくて、読みあやまることもあるが、後には大変力がつく」（村塾零話）といっている。それはまた、文の意味を本当に理解しようとする姿勢、文のいわんとするところを正確に把握できる能力を弟子たちのものにするためでもあった。

松陰は、読書しながら、盛んにノートをしたものだが、弟子にもノートをとるようにすすめている。深く読み、深く理解するためにノートをとることが非常に効果的であることを松陰は知っていたのだ。松陰は、これについて、「今年のノートは明年の愚となり、明年のノートは明後年の拙を覚えるべし。是知識の上達するしるしなり」というようないい方をしている。

ノートと並行して、重視しているのは討論である。今でこそ、討論教育は普通になってしまったが、あの当時にすでにやっていた。しかも、松陰は、凡庸であまり発言したがらない者にも、いいたいことを十分にいいつくさせるように指導しているのである。

こうしたノートをとり、討論させる松陰のねらいが、白文を読ませたのと同じように、弟子たちの自己発見であり、自己確立であったことはいうまでもない。

学問する態度に厳しさを

そのほか、松陰は好んで、弟子と一緒に草取りをしながら、読書の方法や歴史について語る。あるいは、米をつきながら、四書五経の講義もやっている。頭脳活動を頭脳の範囲におわらせないで、身体全体のものとしていこうとした松陰としては、当然のことでもあった。働くこと、身体を動かすことが、どんなに充実感を人間に感じさせるかを知っていたためでもあるし、日常的な事がいかに重要であるかを知らせるためでもあった。

村塾で、自炊生活をやらせたのも、学問する者が、ともすると日常的なものを軽視する傾向にあるのを防ぐのがねらいであった。

だが、なんといっても、村塾教育の一番の中心は、その激しさと厳しさにあったといわなくてはなるまい。すでに、明倫館時代に、見舞状をよこした世木熊太郎に対して、「無益な見舞状をよこされるよりは、学業の近況など知らせてほしい。こんな挨拶を送るようでは、貴方はまだ俗習の見解を脱していないしるしである。こういえば、貴方の親切を無にしているようにみえようが、これを訂正しないかぎり学問の進歩はあるまい。これでは、学問をする気持は乏しいし、世俗に通じて、俗人になるだけだ」といましめたほどである。

つねに要求される現状認識

その後、いよいよ、学問の難しさを知り、読み、知り、考えなくてはならないものにかぎりがないことを思い知らされ、感じさせられてきた松陰のことである。厳しさを加えていったのもむりはない。

わずか八歳になる少年が正月二日にやってきて教えをこうと、「正月の三ヵ日にやってきて、年始の挨拶をする者は多いが、学ぼうとする者はいない。今は米国の外交使節がやってきて、国中、上を下への大騒ぎをし、幕府の追随外交を攻撃する人たちはつぎつぎに逮捕されている。こんなとき、お正月だといってのんびりしておれるはずはない。それなのに、人々はおとそ気分に酔うている。そんなことで、どうして、正しいことをとなえることができよう。君はわずかに八歳だが、自重して大いにつとめるなら、将来ははかりしれないものになる」とあたかも青年を激励するように彼を激励し、また期待している。

こんな松陰であったから、講義がたまたま昼の時間にかかっても、途中で中止するということがない。やらねばならぬところまで講義をすすめる。しかし、そんなときは講義のあと、弁当をもってきていない塾生たちに昼食をだし、松陰はみんなとたくあんをかじりながら、昼食をとった。

そして、こののんびりできない現実を正確に理解させ、認識させて、弟子たちがいつでも正確な情況判断にもとづいた行動をおこせるように、村塾では、「飛耳長目《ひじちょうもく》」という、今日でいう新聞のようなものをつくって、同志や知己、弟子たちの各地の形勢、ことに京都、江戸、大阪についての報告を皆に読ませていたのである。もちろん、その中には、アメリカ、ヨーロッパ諸国のことも記されていた。

自由な教育方針

このようにみてくると、村塾における松陰の教育は全く窮屈なものであったようにみえるが、実際にはその反対で、つねに笑いをたたえて、にこやかにいかにも親しみやすく、非常にやさしくなされていた。

読書のために、睡眠を最小限にしかとらなかった松陰は、講義中眠くなると机にふして一眠りして、そのあと、けろりとして講義をつづけるほどに、とらわれない自由な態度で、弟子たちに接しているのである。師弟の同学同行に徹していた松陰として、大きな声をあげて叱ったり、鞭うったりしたことがないのはいうまでもない。少年の入門にあたって、「私は師になることはできないが一緒に学ぶことはできる」といって、いつも少年たちをまごつかせた松陰でもある。

かつて松陰の教育がさかんに強調された、あの戦前、戦中の教育の奇妙さかげんとは、まるで別のように思われる。松陰のねらいが歴史を正確にふまえた上での自己確立であった以上、戦時の服従心を中心にした教育と決定的に対立するのは当然である。

恐ろしいことである。

きせるを折った門弟たち

さて安政四年になると、前年の増野徳民、吉田栄太郎、松浦松洞たちにひきついで、岸田多門、中村理三郎などの少年、久坂玄瑞、高杉晋作、尾寺新之丞などの青年がつぎつぎと入門し、村塾は非常に活気を帯びてくる。栄太郎の紹介で、町のチンピラ市之進、音三郎、溝三郎まで入門する有様であった。当時の活気にみちた塾の状況は、九月三日、十六日のことでもわかる。

九月三日、松陰はたまたま、有隣を相手に士風を論じはじめた。そばには、徳民、栄太郎、市之進、溝三郎たちがいてその話に耳を傾ける。

話が多門の喫煙の事になると、松陰は憂いのあまり顔をくもらせてしまった。松陰の憂いようがあまりに深かったので、皆もそれにひきこまれて、座はしーんとなってしまい、誰も口をきく者がいない。かなりの時間がたって、やっと栄太郎が座の静まりかえった空気をうちやぶるようにきっぱりと発言した。「僕は唯今から禁煙する」と。そういいながら、彼は自分のきせるを折ってしまった。すると徳民たちも栄太郎にならって、めいめいきせるを折った。すると、有隣まで、「君たちはきせるを折るぐらいの覚悟をもって学ばんとしている。師たる私がどうして折らないでいられよう」といって、きせるを折った。

それをみた松陰が、「たばこは慣れると性《さが》になってしまう。僕としてはそれを憎んでいる。しかし、諸君が一時の感情で、一生の退屈をすることを逆に心配する」というと、皆がおこって、今度は、「先生は僕たちの言葉を疑われるのか。僕たちは多門のためにではなく、僕たち自身のためにやるのです」と松陰にくってかかった。松陰は自分の言ったことをあやまった。

「君たちがそんな気持でいてくれるなら、必ず村塾は大いにおこるであろう」といい、翌朝、早速このことを多門に伝えた。これをきいた多門は泣きながら、禁煙を誓う。多門のその後の成長が旧に倍したことはいうまでもない。

志をもって学ぶ者

また、九月十六日には、母を見舞うために出発する有隣の送別会をひらいているが、有隣のためにまず晋作が、「此の世において最も重要なのは気迫で、僕たちがそれを養えば、必ずどんなこともやってのけられる」と送別の言葉をおくれば、中谷正亮《しょうすけ》はそれに応ずるように、「貴方は楠公になれ、僕は大石良雄になるであろう」という。許道《きょどう》だけは一言もいおうとしない。

何か語れといわれて、はじめて語りだす。

「僕は孔子の智者は軽々しく語らないという言葉にいたく感動していたので、黙っていたが、今はもう黙っていることはできなくなった。有隣兄、貴方はぜひとも我らの仲間をふるいおこす人になってほしい。まさか貴方のような人が、才はあるが学が浅い、口はうまいが識見がくらいということはあるまい」と有隣にきりこむ。

文字通り、志をもって学ぶ者の姿勢が塾いっぱいに旺溢していたことがよくわかる。こうした塾風が他の人たちの耳にはいらぬ筈はあるまい。

各地にひろまる村塾の名声

安政五年になると、各地から入門してくる者が出て、中には富樫文周のように安芸藩から入門した者もいる。

三月に、益田弾正の支配地須佐から入門してきた荻野時行は、入塾して、村塾の塾風にうたれ、ぜひとも、かつて自分が学んだ育英館にこの塾風を移したいと考えるようになった。彼の希望は早速うけいれられて、その月の十三日には、有隣たち十三名が出かけている。そのとき、松陰は、出かける人たちにむかって、「松下村塾と育英館が左右の手となって、有志の人たちが連撃する動きがここからおこるに違いない」という送別の言葉を送っている。

有隣たちは十数日滞在して帰塾しているが、松陰は改めて育英館の人たち七名を村塾に招待し、彼等が帰るときは、村塾から新たに五名を派遣している。村塾の塾風が他の塾をも動かしはじめたのである。

八月になると、戸田の堅田家（長州藩重臣の家柄）の家老田坂茂人、中村多三郎が自ら二十数名をつれて、村塾にやってきて、十数日にわたって、銃陣の指導をうけるということまでおこっている。これが村塾生を刺激し、大井浜で、村塾生たちの軍事演習などもおこなっている。

死をもって弟子を叱咤

このようにみていくと、村塾の時代の矛盾を全身で追及していく空気から、悲憤慷慨というか、志士きどりの無鉄砲ぶりや乱暴などが想像されがちであるが、それは松陰が最も戒め、排したところであった。一時の感情で禁煙を誓うなどの客気を戒めたのもそのためである。

安政六年獄中にいる松陰の耳に、前原一誠の壮行会で、塾生たちが青年らしい客気のあまり、剣をぬいて、柱をきり、意気のあるところをみせたときくと、松陰は早速書きおくっている。「とんでもないことだ。全く血気の勇である」と。また高杉が江戸で犬をきったときくと、早速、「そんなことをしていると、逆に気迫をおとろえさせることになる」と戒めている。

もちろん、若者たちでいっぱいだった村塾に血気の勇が充満していたことは想像できる。しかし、温存し、蓄積し、事をなすための気迫に転化していこうとしたところに、松陰の深い配慮を感じる。しかも、松陰がそこまで配慮して蓄積につとめた弟子たちの気迫でも、幕府の激しい弾圧政策の前に、情勢悪しとみると、ひるんでしまうのである。

結局、塾風に活をいれ、塾風を完成させるためには、自らの死を以て、つくりだす以外にないと松陰は考えはじめた。松陰は弟子たちを信じながらも、彼らを叱咤しつつ、死んでみせる。

これほど激しい教育、実践してみせる教育は、今日、果たして無縁のものであろうか。

政治と実践

激しい幕府の弾圧政策

村塾の猛者連をひるませたほどに、安政五年から六年にかけての幕府の弾圧政策はすさまじいものであった。幕府は、その軟弱外交、追随外交を批判する世論を無視して条約締結にふみきり、それに反対した水戸斉昭《なりあき》、松平春嶽、一橋慶喜などの諸侯を処分し、梅田雲浜、鵜飼吉左衛門、頼三樹三郎たちをあいついで逮捕した。安政の大獄である。

だが、松陰の場合、これらの事実が、逆に教育者松陰を変革者松陰にひきもどす役割を果たしたのである。自分にかわる変革者をそだてた松陰である。この危機の前に、村塾は次第に変質していった。禁錮の立場にある松陰は、幽室内から命令を下していく。

まず九月に、江戸にいる松浦松洞に、将軍継嗣問題その他で暗躍したと考えた水野土佐守をたおすことの必要を強調し、更に十月には、雲浜たちのいる伏見獄を、雲浜の弟子であり、自分の弟子でもある赤根武人に、大和の豪農、豪商たちと提携させて破壊させようとした。パリのバスチーユ獄の破壊は六十九年前のことであり、松陰がそこからヒントを得たかどうかはわからないが、当時としては思いきった計画である。

ついで十一月には、老中間部詮勝の要撃により、一挙に時代の転換をはかろうとし、自ら塾生をつれて京都にのりこむ準備をした。このときの松陰は完全に変革者にたちかえっている。幕府の勢いにのまれていた藩政府はあわてて松陰を獄にほうりこんでしまう。

孤立する松陰

下獄した松陰はとどまるどころか、逆に激しさを加えていく。藩論の統一を大原三位をして、藩主に説かせようとする。だが計画は失敗し、変革者松陰の政治的実践はここでもう一度、失敗することになる。そればかりか、この過程で、松陰と門人たちとの意見の違いは次第に大きくなり、ついには、その対立は決定的にさえなっていくのである。

すなわち、間部要撃を計画する頃から、晋作、玄瑞たちが「今は諸藩も傍観という形で時期がわるい。不平等の条約の結果が現われてくれば、自然、世の中もさわがしくなる。その時をとらえてたちあがればよい」と考えて、松陰に反対してくる。

それに対して、松陰は、「多くの者たちを傍観におしやるほどに、幕府の弾圧が激しくなったのも、もとはといえば、我々がつくりだしたものである。我々が攻撃をやめれば、敵の弾圧もゆるくなるが、再び攻撃をはじめれば、その時は必ず、敵の攻撃も激しくなってくるものだ。情勢は我々がつくるものである」と反駁する。

安政五年から、六年にかけての時点が、幕府に最初の決定打をあたえうる時点であったか、それとも時期尚早であったかは、簡単に判断を下すことはできないが、松陰の政治的対決についての鋭い分析を、当時、門人たちが理解できなかったことだけは明らかである。こうして、松陰は間部要撃の失敗のあと、孤立においこまれ、ヒステリックにさえなり、はては死んでいくのである。

理解されない松陰の危機感

ここで見落してはならないことは、門人たちの主だった者はほとんど安政五年に、京都、江戸にでかけていることである。彼らは萩の田舎から京都、江戸にでて、はじめて自分で見、自分で感じ、自分で考えはじめた。考えなくてはならないもの、整理しなくてはならないものが、多くありすぎた。自分の足で歩みはじめたといってもよい。その彼らには、すぐさま、松陰のいうことについていけなかったのもむりはない。しかも、松陰の危機感はせっかちに弟子たちにせまる。「自分の思う通りに動かそうとは思わない」といいながらも動いてもらいたい、動くべきだという思いが強く底に働いている。松陰と門人たちの間に溝ができ、萩にいる弟子たちだけがついていく。しかも、その彼らも周囲の圧迫のまえに後退していく。

藩統一のきっかけとなった「留魂録」

私は先に、松陰は自らの死によって、塾風を完成させたと書いたが、思想的には、刑死の前日に書きあげた「留魂録」によって、彼の思想と行動を完成させ、塾生の思想と行動を大きく結実させるきっかけをつくったといってよかろう。

「留魂録」には、戦場で息をひきとる兵士たちが「お母さん」とつぶやくように、松陰が最も心にかけ、胸にあることを書きこんだ。しかも、そこには、かつての彼にあったいらだたしさもヒステリックな絶叫もなく、冷静そのものである。

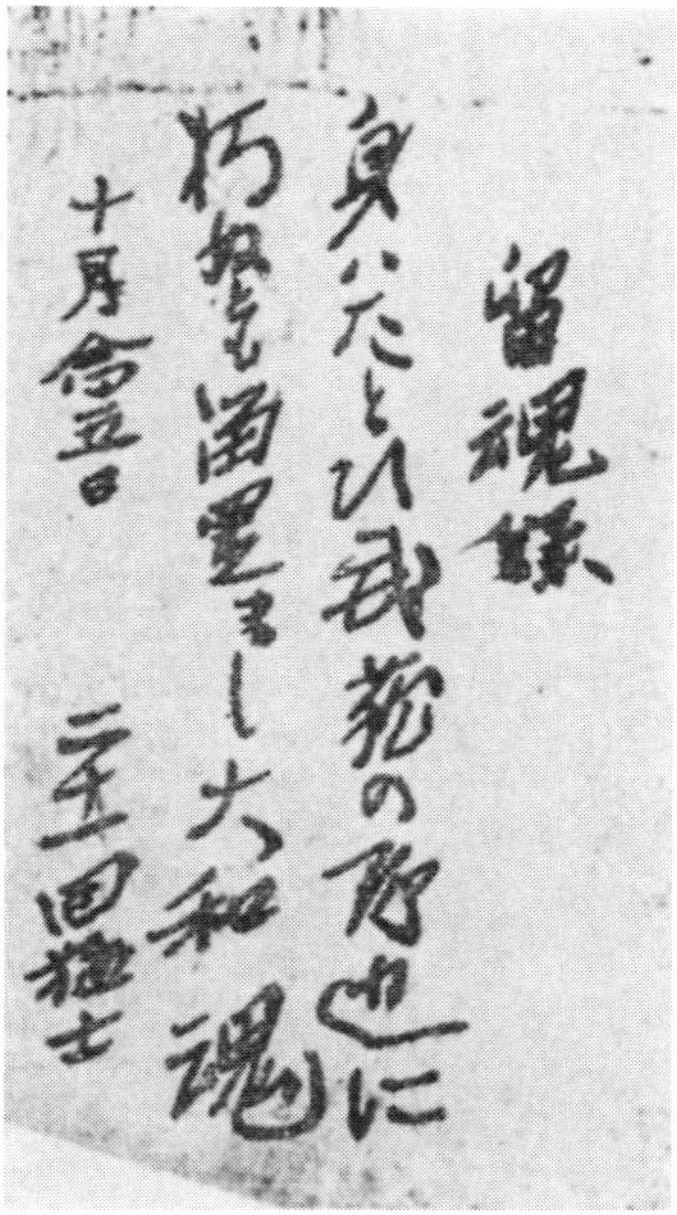
留魂録
身はたとひ武蔵の野辺に朽ぬとも留置まし大和魂
十月念五日　二十一回猛士

留魂録
安政6（1859）年獄中で松陰が書き綴ったもの。

松陰はひたすらに、文中で、自分の志を継承してくれることを願っている。「大変革をなすには、大変革を志す人と志を通わすのでなければできない」とも教える。そして獄中で知りあった人たちのことを弟子たちに知らせ、弟子たちのことを彼らに知らせたことを報告する。死に先だって、松陰は天皇や藩主をこえて、ただ時代の変革だけを夢み、そのための最後の布告をすることだけに彼の関心はむかっていたのである。

まさに、変革者の死にふさわしい堂々とした最期ということがいえる。これを読んでから、藩の面子《めんつ》にこだわっていた玄瑞や、幕府に対する面目にとらわれていた晋作が大きく変わり、積極的に藩の枠を破って、変革者間の連合に、藩の統一へと動きはじめるのである。

もちろん、その第一段階として彼らはまず、松陰の考えた我が党の士の結成強化を村塾生を中心にやっていくのであるが、松陰の刑死した翌月には、彼への思慕をふくめて、各人のところにきた手紙をもちよって、お互いに書き写して、松陰の思想への理解を深めようとつとめている。

ことに、翌年の万延元年三月、桜田門外に大老井伊直弼がたおされて、幕府権力が急速に弱まっていくのをみて、今更のごとく、情勢はつくるべきものだという感慨をもつとともに、松陰の偉大さを思う弟子たちであった。

師志をつぐ晋作と玄瑞

この頃より、断固として行動する姿勢が徐々に塾生たちのものになっていく。それが形をとってあらわれたのは、いわゆる、公武合体という形で、京都勢力と幕府勢力が連合にむかって動きはじめたときである。

どんなことをしてもこの動きをぶちこわそうと決意し、行動を開始したとき、玄瑞たちは、はじめて松陰のかつての覚悟と姿勢がわかるのである。松陰の姿勢が、また彼らを徹底化させることにもなったといえる。

塾生たちは公武合体をぶちこわすことはできなかったが、これで一役を買おうとした藩政府の動きを完全に変えてしまい、幕府と藩政府との関係をたちきることに成功する。かつては松陰をつきはなして、死においやった藩の重臣周布政之助までを玄瑞たちの支持者側にはっきりとふみきらせるのである。松陰の死が、いろいろな意味で周布政之助に影響した上に、玄瑞、晋作の説得が成功したであろうことは忘れてなるまい。

この運動の過程でできたのが、文久元年十一月の「一燈銭申合《いっとうせんもうしあわせ》」である。そこには「各人の力をつくして、日頃わずかでも貯金しておけば、非常のときや不意の急にあったときに役立つ。ことに時勢が逼迫して、有志の者が下獄し、飢餓におちいったのを、助けるために、たとえわずかずつでも、各人村塾にもちよっておこう。貧者の一燈故に一燈銭となづけよう」とある。

イギリス公使館の焼打事件

文久二年になると、晋作、玄瑞たちは、変革の情勢づくりを真剣に考えはじめる。西洋先進国の侵略を前にして、日本人を覚醒させ、幕府をこまらせる一挙両得の手段として、外国と闘うという姿勢を採用した。もちろん、彼らは松陰を通じて、闘っても勝算のないことを知悉していたが、情勢づくりとしては適当な手段と思われたのである。

ことに晋作は、当時の強国イギリスは闘いの中から生まれたという認識をもっていた。十一月に計画した横浜の公使館焼打事件は藩世子らにとめられて中止したが、そのあと、あらためて、「一旦連合した上は、進退出処すべてあいはかり、個人の意見にしたがわない。意見が違うときはどこまでも論じて、面従腹背をしない。秘密は父母兄弟にももらさない。万一めしとられたときは、やつざきにされても決してしゃべらない」などの五項目を書きこんだ血盟書をつくり、十二月には焼打ちをやっている。いずれも、村塾生を中心に、それに理解を示す塾生外の人々を参加させたものである。

足軽であった入江杉蔵、野村和作、吉田栄太郎、品川弥二郎、伊藤博文、山県有朋、杉山松助たちが、松陰の門下生としてよく学んだという理由で士分に抜てきされるということがおこったのも、この頃である。

変革者魂結実す――藩政府打倒

元治元年六月の池田屋の変で、吉田栄太郎、杉山松助、七月の禁門の変で、久坂玄瑞、入江杉蔵、寺島忠三郎などの松陰門下の中心的人物をあいついで失い、それをきっかけとして、藩権力を現状維持派がにぎり、松陰の師友であり、塾生たちの理解者であった山田亦介、松島剛蔵、中村道太郎、赤川淡水、前田孫右衛門たちを切腹させた。

終始、松陰の献言をきくことにつとめた益田弾正もこのとき切腹し、松陰の死をきっかけとして大きく変わりつつあった周布政之助も同じく自刃している。

晋作が、残った塾生の総力を結集して、藩政府に武力で対決して、藩の実権をにぎり、更に幕府との決定的対立にもちこんで、変革への大布石をしいたのは、むしろ、この最悪の状況の中であったのである。晋作も、まもなく病に倒れたので、松陰の門下生たちのうち、松陰が最も高く評価し、期待した人たちは、明治維新をみないで、いずれも松陰の死のあとを追うことになった。

松陰は変革者であることによって、変革者を育て、変革者として死ぬことによって弟子たちに変革者魂をつぎこんだのである。師弟あいともに、時代の変革にとりくみ、その土台づくりの段階で死んでいったのである。その後の明治維新の内容が彼らが意図した方向にいったかどうかは改めて別の問題として考えなくてはならない。

村塾の精神はどう明治維新に生かされたのか

「変革の時の真の功臣は早死するものである」とは松陰の言葉であるが、明治維新という日本の開国と変革にあたって、橋本左内、佐久間象山、坂本竜馬と多くの中心的人物が維新をみることなく倒れた。松下村塾の場合も例外ではなかった。松陰がまず倒れ、門人中の傑物とみなされていた晋作、玄瑞、杉蔵、栄太郎といずれも途中で倒れた。玄瑞に劣るとみなされた桂小五郎（木戸孝允）が生きのび、また栄太郎に劣ると自認していた伊藤博文が生きて、明治になると、それぞれ、最高の指導者の位置について日本を指導した。

これまで、松陰の教育成果をいうとき、ともすると、桂小五郎（公爵）、伊藤博文（公爵）、山県有朋（公爵）、山田顕義《あきよし》（伯爵）、品川弥二郎（子爵）、野村和作（子爵）たちのことをいいがちであった。もちろん、晋作たちの果たした役割を軽視する者はいないとしても、こういう評価のしかたは、松陰にとっては最も不満なのではあるまいか。

やがて、弥二郎のところで述べるように、生き残った弟子たちは、一様に思想家松陰の成長を三十歳でストップさせ、松陰の思想の動向を理解できないばかりか、発展させることができなかった。それというのも、彼らが松陰の弟子の名に価するほど、松陰に師事し、松陰を理解できる立場になかったということである。

松陰の思想とは縁の薄い成功者たち

たとえば、栄太郎と同年の博文は、弟子たちと一緒に遊びにきたことはあっても、松陰に弟子入りしたという形跡はない。ただ、誰にも興味と関心をしめす松陰として、その印象を「才は劣り、学はあさいが実直である」と批評し、安政五年には、玄瑞への手紙に、「博文も学がすすんできた。この調子でいくと、なかなかの周旋家になりそうである」と書きおくっているが、要するにその範囲をでていない。

博文自身も「僕を松陰の弟子のようにいうものがあるが、それはまちがいである」と語ったといわれている。松陰としては、博文が自分の思想を継承し、発展するなど思いもしなかったし、また彼にできることでもなかった。

晋作より一歳年長の山県有朋にしても、安政五年九月、入門はしていたが、松陰と深く交わっていない。松陰も、気迫のある男とはみていたが、大識見、大才気あるものとはみていなかった。有朋のその後の華々しい活躍は別として、その思想的貧しさについては、松陰がみていた通りであった。彼もまた松陰の思想の継承、発展とは無関係に出世した男にすぎない。

山田顕義は安政五年の入門で、松陰が死んだとき、わずか十六歳の少年、人間的にはともかく、思想的にきたえられるはずもなかった。野村和作は、大胆で行動的な男であったから、大原西下策、伏見要駕《ようが》策と、松陰の命をうけて、よく行動はしたが、所詮はそれだけの人物であった。品川をふくめて、いずれも政治哲学をもち得るような近代政治家にはなりようもない人たちであった。桂（木戸）、山田を除けば、あとの四人はいずれも足軽出身であったが、松陰が強調してやまなかった自分の立場、自分の位置を考えぬくことができず、せいぜい、自分だけ、自分の出身階級から脱けだすことしか考えなかった。とうてい、晋作の路線、玄瑞の路線を継承できる人たちでなかった。だからこそ従五位越智宿禰《おちのすくね》博文と名のる無神経も平気でやってのけたし、下級官吏が十円内外のとき、千円から二千円の月給をとって、けろりとしている連中でもあった。しかも、かつての多くの同僚たちが職を失って、生活にあえいでいるのを見過している連中であった。「下に厚く、上にうすく」を考えた松陰には全く無縁な人たちであったともいいうるほどである。

松陰の悲劇と限界

松陰は、たしかに変革者を育て、維新の原動力をつくりだした。しかし明治をリードできる人間はつくらなかった。というよりも、リードできる人間は途中で殺されてしまったという方が正確かもしれない。松陰の悲劇はここにあるといってもよい。その門下生の中から、生存者の中から、ただ一人も、松陰の思想を継承し、発展させたといい得るほどの人がでなかったことはたしかである（松陰の精神を地味にまもりぬいた無名の人たちはあったであろうが）。

これが村塾の限界であり、閉鎖にいくしかなかった理由である。松陰の思想と行動だけは永遠に生きつづけているが、村塾そのものは、松陰の死によって開花し、維新の実現とともに死滅していったといえそうである。

兄梅太郎、小田村伊之助、馬島甫仙《まじまほせん》たちが松陰にかわって維持できるものでもなかったし、維持していれば、なお一層、松陰を矮小化していくことになったであろう。

第四章

村塾で育った青年たち

変革者の雄・高杉晋作

松陰の意志を継ぐ第一人者

松陰が、時の大老井伊直弼の弾圧政策（安政の大獄）にまきこまれて、江戸、伝馬町の獄で斬られたのが、安政六（一八五九）年十月二十七日、彼は、死に先だって、門人たちに、「諸君は、すでに僕の志と考えをよく知っている。だから、僕の死を悲しまないでほしい。しかし、僕の死を悲しむことは、僕の考えと志を知ることであり、僕の考えと志を知るということは、僕の志を達成してくれることである。それ以上になにものもないことをしっかりと悟ってほしい」と書き送った。

この手紙を晋作がいつ読んだかは明らかではないが、松陰の刑死に先だって江戸をたち、十月十六日以来萩にいた晋作は、十一月二十六日、江戸にいる周布政之助あての手紙に、「わが師松陰の首を幕府の役人の手にかけたことは残念でなりません。私たち弟子としては、この敵を討たないではとうてい心もやすまりません。といっても、人の子として主君に仕える者、この身体は自分の身体のようであっても自由になりません。いたしかたないままに、日夜松陰先生の面影を慕いながら激歎していましたが、この頃やっと次のような結論に到達しました。即ち隠忍自重によって、人間の心はますます盛んになるという言葉の意味をよく理解して、朝には武道、夕は学問して、自分の心身をきたえぬいて、父母の心を安んじ、自分の務めをやりぬくことこそが、わが師松陰先生の敵を討つことになるということであります」と書いている。

久坂玄瑞とならんで、村塾の竜虎といわれた晋作らしく、いちはやく松陰の心を理解し、その志を継承していこうとする姿勢に達している。玄瑞もまた、同じ頃、入江杉蔵（村塾四高弟の一人、後述）あてに、

「先生の悲命を悲しむことは無益です。先生の志をおとさぬことこそが肝要です」と書き、あわせて、晋作の最近の努力ぶりと成長ぶりを報告している。

晋作は、まさに、その年の七月、松陰が獄中から、「僕が死ねば、貴方の志もきっとかたまるに違いない。僕が死なないかぎり、貴方の志はふ

高杉晋作（1839～67）
奇兵隊をつくり、藩論の統一を実現したが早世。

らふらしつづけるようだ」と書いた通りになったのである。

松陰の死をきっかけとして、晋作はぐんぐんと成長をつづけ、「十年後、事をなすときは、必ず晋作に謀る。晋作はそれだけの人材である」と松陰がいっていたように、明治維新の大事業の礎石をつくる人物に育っていく。

入塾希望を父に反対される

この晋作が松陰に師事したのは、松陰の刑死に先だつこと二年の安政四（一八五七）年で、そのとき松陰は二十七歳、晋作は十九歳であった。

晋作は上士格高杉小忠太の子として、はじめ、藩校明倫館の学生であった。それは上士の子として当然の道であった。その頃の彼は、もっぱら剣道にうちこみ、将来はすぐれた武芸者になろうとしていたが、多感多情の彼には明倫館の現状維持的な空気がいつかあきたらなくなっていた。加えて、父親の小忠太が日夜「おとなしくしろ」をくりかえす。ついには、祖父までが「父親に迷惑をかけるんじゃない」としつこくたたみかけてくる。晋作にとってはがまんならないことである。

そんな彼の耳に、自然、師弟同学同行で、活気にあふれている村塾のことが伝わってくる。もちろん、晋作の入塾を父親が許すわけがなかった。行動しないことを最上とし、考えないことを最高と思っているような小吏の典型である晋作の父親には、時の動きに真正面からとりくみ、そのために下獄までした松陰の塾に通わせるなんてとんでもないことに違いなかった。
「おとなしくさえしていれば、今頃はどんな立身出世をしたかもしれない松陰が血気にはやったばかりに、その将来ばかりか、名誉ある吉田家までつぶし、禍《わざわい》はいつ実家の杉家におよぶかもしれない有様である。血気という点では松陰におとらない晋作のことだ」と考えてぞっとしたかもしれない。

晋作の入塾は頑としてうけつけない。しかし、せきとめられれば、かえってますます、激しくなるのが人の性である。まして、自分の求めている何かが村塾にあるらしいと感じた晋作の心は、父の禁止で抑えられるほどに弱くはなかった。

理想の弟子と喜ぶ松陰

こうして、家人の寝静まるのをまって、三キロメートルはなれた村塾にこっそりと通う晋作の生活がはじまった。まさに師を選び、師を求める弟子晋作が誕生したのである。松陰はその頃の様子を久保清太郎に次のように書きおくっている。

「高杉は夜になってやってくる。家では、夜の外出を大変あやしんで自由に外出するのを禁じたといっている。家人の情、笑うべきでもあり、あわれむべきでもあるが、高杉の方は、いよいよ気持を昂揚させ、うっけつした気分をぶつけることによって、大いに進歩している」と。だが、あるいは父親の小忠太は、晋作の外出の目的を知りながら、家名と禄にがんじがらめになって、身動き一つできない自分のことを考えて、息子の行動に声援を送りたい気持と、とめなくてはならないという気持が相半ばして、それ以上せんさくしなかったのかもしれない。

それはそれとして、晋作を一目みて、非常に喜んだのは松陰である。自分が求めてきた弟子のタイプにぴたりとはまっていたからである。

ことに、教育如何では、将来、その人物と識見が大いに伸び、ともに事をなせる者になると考えたとき、動かなかった手足が動きはじめたほどに喜んだであろうことは容易に想像できる。自然、松陰の教育も慎重になり、力がこもったに違いない。

頑質、識見、気迫こそ晋作の真髄

晋作の教育にとくに留意しているのは次の二つの点である。一つは晋作の頑固で強引な性質をどのように育てるかということである。この頑なさは、また父親ゆずりであったかもしれないが、奇妙に育つと、頑迷固陋になりかねないものである。常識的にいって、頑質を長所とみる者はちょっとない。

だからこそ、松陰の兵学門下生であり、晋作の先輩格にあたる桂小五郎も、彼の頑質を「そのために他人の言葉をきかなくなるのではないか」と心配し、松陰に忠告するように求めている。

だが、松陰はそう考えなかった。むしろ、頑質こそ、大事業をなすものには不可欠のものと考えたのである。といっても、放置したわけではなかった。小五郎の話をきっかけとして、松陰は野山獄から、江戸遊学中の晋作に小五郎とこのことについて話しあったことを告げ、小五郎には「僕はこれまで高杉の頑質について、高杉の語ることはもちろん、その頑質を矯正しようとしたことはない。その頑質を矯《た》めようとすれば、人間は中途半端になるばかりか、むしろ、後日、大事業をなすにぜひとも必要な意志力を育てないことになる。高杉は、十年後にこそ、大をなす人間である。これから学問していけば、たとえ人の言をいれないようなことがあっても、その言を棄てるようなことはあるまい。僕が十年後、何かをするときは、必ず高杉と謀議する」と答えたと報告し、はじめてこの問題を晋作自身の問題として考えるようにつきつけたのである。

松陰はむしろそれを晋作の長所として育てようと、心ひそかに苦心していたのである。この頑質あったればこそ、後に、奇兵隊の結成、クーデターの敢行、四国連合艦隊との交渉など、強引にやってのけることができたといってもいいすぎではあるまい。

今一つは、群をぬいた晋作の識見、気迫をいかにしてゆがめないで育てるかということであった。松陰は、あまりにも彼の識見、気迫が群をぬいているので、それによって自らをだめにしないかと心配したのである。だから、彼の識見、気迫に誰かの識見、気迫を拮抗させなくてはならないが、それによって、かえって、両雄ならびたたずの格言通りになって、いずれか一方がだめになっても大変である。

学びあう晋作と玄瑞

そこで松陰が考えたのは、晋作と違って頑質もなく、自然に人に愛され、親しまれるタイプの玄瑞を配して、両者の切磋を通じて、ますます二人の成長を大きなものにしようとした。松陰のこの教育を、晋作がはじめどのようにみていたか、またこの教育の結果はどうであったか、それは安政五年七月、晋作の江戸遊学にあたって、松陰が送った言葉に明らかである。

「僕は昔、同志の中の年少では、久坂玄瑞の才を第一となしていた。その後高杉晋作を同志として得た。晋作は識見のある者だが、学問は十分に進んでいない。しかし、自由奔放にものを考え、行動する傾向があった。そこで、僕は、玄瑞の才と学を推賞して、晋作を抑えるようにした。そのとき晋作の心は甚だ不満のようであったが、まもなく、晋作の学業は大いに進み、議論もいよいよすぐれ、皆もそれをみとめるようになった。玄瑞もその頃から、晋作の識見にはとうてい僕もおよばないといって晋作を推すよう

桂小五郎（木戸孝允）（1833～77）
薩長連合に活躍。新政府創建の功労者でもある。

になったが、晋作も率直に玄瑞の才は当世にくらべるものがないといいはじめた。二人はお互いに学び得るようになった。僕はこの二人の関係をみて、『玄瑞の才は気にもとづいたものであり、晋作の識は気から発したものである。二人がお互いに得るようになれば、僕はもう何も心配することはない』といったが、今後、晋作の識見をもって、玄瑞の才を行なっていくならば、できないことはない。晋作よ、世の中には才のある人は多い。しかし、玄瑞の才だけはどんなことがあってても捨ててはならない」

松陰のねらいは見事に成功するのである。晋作がいかに一歳下の玄瑞を認め、玄瑞から素直に学ぼうとしたかは、玄瑞にあてた手紙からもよくわかる。「お手紙を下さらないのは少々不平です。特別、貴兄にむかって、御追従の言葉を申しあげるつもりはないけれども、心中ではとても僕などおよばぬ人として、頼むべき人と思い、兄弟の盟を致したいと思っているほどです。ただ、これまで口に出して申しあげることはできませなんだが……」

謙虚さから慢心へ

晋作が松陰に直接師事したのは、約一年間にすぎないが、この間に、剣をもってたたんとする素志を捨てて、経世済民を自らの課題にしていく。だが、彼の経世済民も議論の段階をでない。晋作自身、このことを痛いほどに反省し、その苦痛を玄瑞にうったえたこともある。「世の中の動きが少しずつわかってくるにつれて、不孝だとわかっても、とめられている時事について議論しないではいられない。そのため、心の中で苦しんでいます。でも貴方たちには、議論ばかりしていて、実行できない奴と批判される程度のことしかできない。なんといわれても、僕には一言半句もいえないのです」。後年の果断にみちた行動力そのもののような晋作は、この手紙からはちょっと、想像しにくい。しかし、であればこそ松陰は、「何をふらふらしているか」と叱咤もしたのである。だが、江戸にでた晋作には彼の頭を押さえる先生も塾生もいない。彼は二十歳という若さと気鋭にまかせて、逆に大言壮語になっていく。

「水戸も鄙夫《ひふ》、勇士にて論ずるに足らない」とか「天下一人も真の豪傑はいないと思われる」とかの手紙が次々と松陰のもとにとどけられた。だが、松陰はそれに対して何も答えなかった。それは、できるかぎり、自ら考えることを求め、自ら考えたものだけが自分の思想になり得ると考えていた松陰の教育的立場であったが、同時に、松陰自身、第一回の遊学のとき「江戸には師とするに足る人はいない」といって、いい気になっていた幼き日の自分を思い出して冷汗をかいていたのかもしれない。

十年じっくり考えよと忠告する松陰

数ヵ月目にやっと晋作の手許にとどいた松陰の手紙には、「長いこと、僕が返事を書かなかったことを怪しんでおられると思うが、天下の事は、貴方のいうような空言にては、何事もできない。十年後まで、貴方も僕ももし無事なれば、その時こそ、きっと大計を謀ろう。それまでは、じっくりと各人の場で思うことをじっくり行動していれば、自然、心や意見の通じる人もでてくる。じっくりと世の動きを洞察してほしい」と書かれていた。

しかもこの手紙は安政五年十一月十八日づけのものであり、わざわざ他見無用と書いている。すでに松陰は、これより先九月に、松浦松洞に命じて、水野土佐守を殺させようとし、十月には赤根武人に伏見獄の破壊を命令し、自らは、十二月十五日を期して、塾生をつれて、京都にのぼり、老中間部詮勝を暗殺せんと計画をすすめていたときである。

松陰は心ひそかに、晋作に後事を託す遺書として、この手紙を送ったと考えられる。「申しがたいから、推察してほしい」という文字もある。松陰の晋作への期待とうちこみようがわかるような思いがする。将来に晋作の活動を期待したのである。だが、晋作には、師の心はわからない。

その六日あと、江戸の門弟たちに、はじめて、間部暗殺の計画を知らせるのである。

松陰のこの計画に対して、「現状でそういうことをやると社稷《しゃしょく》の害を生む」といって、晋作たちは反対する。しかし、晋作たちが考えた社稷とは、長藩のことであり、長藩をこえた地点に脱皮しようとしていた松陰を逆にひきもどそうとしたものである。「成敗を忘れよ」とか、「僕は忠義をするつもり」「諸友は功業をなすつもり」という松陰の言葉は、成否を考えず、何がなんでもやりぬこうとする態度にみえて、その実、晋作にむかって、「時期がわるいから、時をまつということと好機をとらえて事を行なうということとは別である」と教えていたことを考えれば、松陰が自ら情勢をつくり、それにつれて動きはじめようとしていたことを認めないわけにはいかない。

松陰は政治的対決を当時誰よりも考えていた。まして、藩政府を相手にしていたのが、最大の失策であるとほぞを噛んでいる松陰にむかって、藩の被害を大仰にいってくる晋作たちのピントをはずれた反対に、松陰がかっとなったであろうことは想像できる。

僕の心を語るのは君だけだ

松陰は間部要撃のことで、再び下獄。そして、翌安政六年二月頃から、晋作あての手紙は急に増えていく。その中の一つには、「平生無二の知己であった来原良蔵や桂小五郎さえ、僕の心をわかってくれない。久坂も山口まで帰っているときいたが当地には帰ってこない。またたとえ、帰ってきたとしても、喜ぶに値しないが」と嘆き、「僕の心を語るのは貴方だけだ」と訴えている。あるときは、「貴方は少なくとも今後十年間帰国することはあるまい。それまで果たして僕が生きているかどうかわからぬから、もうおめにかかることもあるまい」と書いている。

松陰の手紙は晋作の内側から、晋作の心をゆさぶりつづけ、再び消えることのない経世済民の情熱を晋作のものにしないではおかないという思いで書かれている。その文句は激しく、切実なものでみちあふれている。

「今何をなすべきか」という晋作の質問に対して、「十分に学問をし、父母や主君や周囲の人たちの信頼を得てから、いうべきことを主張し、なすべきことをはじめるべきである。だが、その時には、きまって、大変な抵抗にあい、困難にぶつかる筈である。その時もう一度学問をしなおしたら、必ず大事業をなすことができる。久坂や入江と十分に謀るとよい」と答えている。

晋作に死後を託す松陰

松陰刑死の二十日前に、江戸を出発する晋作に送った手紙には、あらためて死後を託すという気配が感じられる。「諸友中、小田村は大変進歩している。彼は貴方を深く理解している。ともに語るとよい。入江はきっと学問が進んでいる筈だし、久坂も必ず進歩しているにちがいない。しかし、彼の事ゆえ、才勝って動きやすい。心を配ってほしい。久保は事務に練達だし、増野は期待にそむかない男である。品川、寺島は若手の中で望みをかけることのできる者たち、鼓舞してやってほしい。福原も成長して決して心変わりするようなことはあるまい。岡部も用うるに足る人物、少し軽佻だが、捨ててはいけない。吉田と天野はとくに心をつかってほしい。即ち天野は才をたのみすぎて勉強しないし、吉田は志を放棄したように周囲からみられているからである」

晋作が松陰を最も身近に感じたのは、恐らく、それから四年目に、反対派のために、松陰と同じ野山獄に投じられたときであろう。彼はそこで、しみじみと松陰の言葉を思いだし、今更の如く、松陰の思想と行動と自分のそれとが一つであることを思うのである。松陰が自分に何を求め、何を期待していたかを深く考えることにより、同囚のものがあやしむほどに、読書に集中していくのである。

膨大な読書から得たもの

晋作は安政五年から六年にかけての江戸遊学中に経済的知識を吸収していったが、それには、玄瑞のすすめが大いにあずかっていたと考えられる。玄瑞は彼に「経済を大いに学んで、国政を変革する方向と方法をあきらかにせよ」と、しばしばすすめている。晋作が開国論者であったことは、松陰あての手紙でも明らかであるが、文久二（一八六二）年に、「西洋の書物だけ読んで日本や中国の本は読まない」と決心するのも、師の松陰が日本と中国のあれほどおびただしい書物を読みながら、ほとんどその範囲に終わったために、経済的知識にくらかったことを嘆いた結果であった。

そういう読書の中で、晋作がどんな経済思想をもち、新時代の思想と制度について、どのように考えはじめていたかは、彼の書いたものからは十分にうかがいしることはできないが、文久三年六月に、奇兵隊設立にあたって藩に提出した建白文には、「陪臣、雑卒・藩士をえらばず、同様に相交わり、力量を尊び」とか、「つとめて門閥の弊をため士庶《ししょ》をとわず」とあって、当時最下位におかれた陪臣を最上位におき、農民、商人の別なく、有志のものを入隊させることによって、新しい方向をうちだそうとしている。そうして、「たとえ、凶険・無頼の徒といえども用うべし」と書くとき、師の松陰がチンピラの溝三郎たちを真剣に教育していたことを思いだしていたかもしれない。

奇兵隊を変革のエネルギーの中核に

また、奇兵隊を「人民の手本」になるように育てあげようとしている彼はこの奇兵隊をふまえて、禁門の変につぐ幕府の第一回の征長の過程で、藩政府をにぎった保守派に対して敢然と武力で対抗し、三ヵ月間の闘争のあとに、藩権力を手中にする。

このとき、彼を助けたのが、村塾生であった伊藤博文をはじめ品川弥二郎、山田顕義、野村和作たちであり、豪農秋本新蔵、吉富藤兵衛、豪商白石正一郎たちである。兵農商同盟である。藩権力を握った晋作たちは、討幕に向かって、藩の改革を強力にすすめ、ついに、長州藩をして、新時代をつくる確固たる力に育てあげていくことに成功するのである。

防長二国を新時代に即応したもの、今日でいうなら、解放区に育てあげ、その力を討幕の力に育てあげようとしたのが晋作のねらいであった。このことは、晋作が文久二年に、すでに、「大義のために、

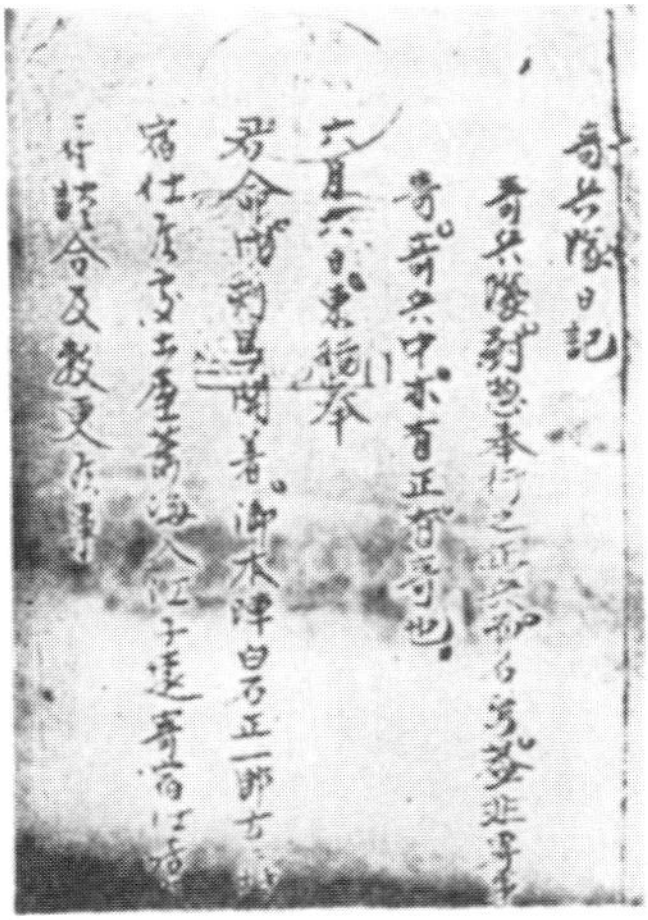

奇兵隊日記
四国連合艦隊来襲や征長の役の時活躍した奇兵隊の日記。

防長二国をなげうつ覚悟」といっていることでも明らかである。それはまた、新時代の統一政権への展望にたっていたものであった。

だが、彼は慶応三年四月、わずか二十九歳で病死したために、防長二国の改革は思想的にも制度的にも途中で頓挫することになる。

松陰がその生命とひきかえに、その最後の時点で学びとった、自覚した個人の連合による新時代建設の構想も、晋作の防長二国をかためつつ、防長二国を変えていく路線と、玄瑞の、かたまろうとする防長二国をつねに内側から破りつつ、国民的規模における変革をおしすすめる路線として継承されながら、二人の死によって、その路線はしりすぼみになっていく。

久坂玄瑞の実学思想

血気あふれる書状を松陰に送る

高杉晋作とならんで、長州藩の二つの路線というよりも、幕末の変革路線の一つを担ったといってもいいすぎではない玄瑞が、松陰の指導をうけはじめたのは、他の塾生にくらべると最も早い時期の安政三年五月ごろと思われる。九州旅行中に、松陰の偉大さをきかされた玄瑞は早速松陰に手紙を書いた。当時十七歳の玄瑞は少壮気鋭の青年の中でも、更に群を抜く気鋭の若者であった。松陰に教えをこうというよりも、自分の抱懐する意見を述べて、一つ松陰の共鳴を得てやろうというくらいの気持で筆をとったに違いない。讃辞をうける確信はあったであろう。「日本の国に生まれて、日本の米をたべる。そうすれば、日本人である。それなのに、今の日本といえば、全く情けない。綱紀は乱れ、士風は日に衰えている。しかも、西洋列強は日本の地であばれている。よろしく、米使を斬って、断固たる態度を示すべきであると思う。貴方はどう思うか」

松陰の手きびしい反論

だが、玄瑞の意に反して、松陰の手紙は懇切ではあったが厳しかった。

「貴方の議論はうきあがっており、思慮は浅く、本当に貴方の心の底よりでたものではない。世の中の、悲憤慷慨を装って、その実、自分の名利を求めている類とことならない。僕は深く、このような文章、このようなタイプの人をにくんでいる。……世の中には、どんな場所でも、どんな人でも、なさねばならぬことはあるものである。事を論ずるときは、自分のおかれた場所、自分自身のことからはじめるべきである。これこそ着実というもの。貴方は医者である。僕が囚徒の立場から論ずるように、医者の立場から論ずるべきである。百姓、乞食から、医者、囚徒にいたるまで、なすべきことがあるし、なしえないことはない。これを論じないで、一足とびに天下の大計を論じてもひえきするところはない。今貴方のために、貴方に従って、死のうとする者は幾人いるか。貴方のために、力を出し、銭を出す者は幾人いるか、聖賢の貴ぶところは、議論にあらず、事業にある」（六月二日）

空言よりも歴史を見定めよ

今日でもそのまま通じるような松陰の言葉も玄瑞には通じなかったとみえて、彼は早速筆をとって、松陰の手紙に「貴方は、本当に胆力があるのか」と、反駁した。が、松陰はすぐ返事を書かず、やっと七月十八日になって、返事を書きおくっている。「すぐに貴方の返事を得たが、僕の方から早速返事を書かなかったのは外でもない。貴方は鋭くはあるが軽々しくて、まだ、深く思うという姿勢を自分のものにしていない。僕はというと感情のおもむくまま、思うままを書いて妥協するということがない。これでは、本当に貴方を説得することにならない。だが、あれから一ヵ月もたった。貴方の思索も熟したと思われる。よって一言申しあげよう。時宗が元の使いを斬ったことは、当時としては適切であったが、今日では行うべきでない。貴方がそれをなそうとすることは、時代を考えてないし、時期を明らかにしていないしるしである。大志をすて、戦略を忘れている結果である。貴方にとって、今一番大事なのは、先ず、その志を大にし、その戦略をみがき、時代や時期ということを考えることである。

なによりも大切なことは、まず国内を固めることである。まして、アメリカ、イギリスなどと和親条約を結んだ今、自分の方から、それをたつことは信義を失うことになる。国力をたくわえて、先年の非礼をせめるのはよいが、区々たる時宗の先例にならうことはもってのほかである。貴方は僕が貴方に望みをたくし、貴方の成長を願っているのを察しないで、相変わらず空論をつづけている。そのことを僕は大いに惜しんでいる。

なるほど、貴方のいうところは滔々《とうとう》としているが、一つとして、貴方の躬行《きゅうこう》からでたものはないし、すべて空言である。一時の憤激で、その気持を書くような悲しい態度はやめて、歴史の方向を見定めて、真に、日本を未来にむかって開発できるように、徹底的に考えぬいてほしい」

わずか十七歳の青年を相手に、松陰は鋭く斬りこんでいく。玄瑞をすぐれた指導者、戦略家に育てあげていこうとする熱意のはげしさがうかがえる。と同時に兵学者らしい松陰の面影を思わせる文章でもある。

ついに松陰に屈服する

だが、結局は玄瑞を説得することはできなかった。二十五日には、ついに、最後の挑戦状をつきつけている。

「お手紙拝見。僕が貴方を空虚粉飾の徒といったのはまちがっていた。貴方が斬ろうとするのには名分がある。今から、外国の使いを斬るようにつとめてほしい。僕は貴方の才略を傍観させていただこう。僕の才略はとうてい貴方におよばない。僕もかつては、アメリカの使いを斬ろうとしたことがあるが、無益であることをさとってやめた。そして考えたのが、先の手紙に書いたことである。

貴方は貴方の言葉通り、僕と同じようにならないために断固やってほしい。もしそうでないと、僕は貴方の大言壮語を一層非難するであろう。貴方はなお、僕にむかって反問できるか」

さすがの玄瑞も、松陰の言葉にはたじたじになったであろうし、自分の発言には、自分の生命をかけ、責任を果たさねばならないという、指導者として、変革者としての最低の良識を学びとったに違いない。松陰の最後の手紙に、玄瑞がなんと答えたかは明らかでないが、彼の学ぶ姿勢に大きな前進があったことは明らかである。

苦学してオランダ医学を会得する

この玄瑞は天保十一年（晋作より一年後輩）、藩医良迪《りょうてき》の次男として生まれ、はじめ明倫館に学び、ついで蘭学所でオランダ医学を学んだ。

十四歳のときに母を失い、安政元年、十五歳のときには父と兄を同時に失い、家業をついだ。兄の玄機は玄瑞にまさる人物であったともいわれており、蘭書に通じ、「新撰海軍砲術論」「新訳小史」「和蘭紀略」など十数種の本を訳述し、種痘の実施にも貢献している。松陰の師山田宇右衛門に蘭学を教え、松陰の友人月性、中村道太郎とは特に相許した仲。病床の中で、海防策を書きつづけ、できあがってまもなく死んだ。この兄から、指導をうけた玄瑞であるから、前述した松陰とのやりとりもできたのである。

松陰の指導をうけながらも、彼の学習の主力は蘭学所でのオランダ医学であった。安政四年三月の松陰の日記には、玄瑞が蘭学所で刻苦勉強していることを記すと同時に、玄瑞が作った詩をもってきてみせたことを書いている。玄瑞が村塾に出入りし、村塾生としての指導をうけるのは六月頃である。

十二月には松陰の妹文《ふみ》と結婚し、杉家に同居する。玄瑞としては、美人でない文との結婚には、はじめは乗気でなかったが、中谷正亮に「君らしくない意見ではないか、大丈夫たる者、妻をめとるとき、容色を先にするのか」と、といつめられて結婚にふみきったといわれている。松陰は一度桂小五郎を考えたが、小五郎から玄瑞に変えた。このことをきいた月性は「小五郎も壮々たる男児だが、到底、玄瑞の読書力や時勢を思う心におよばない。まことに、いい婿を得たものだ」と祝いの言葉を送っている。玄瑞より七歳年長であるばかりか、当時すでに長藩きっての俊秀とみなされていた小五郎以上と評価されているということに、玄瑞の聡明さがうかがえるというものだ。

今何をなすべきか

翌安政五年二月、玄瑞が江戸に遊学するとき、松陰は次のような壮行の言葉を送っている。

「玄瑞は年齢こそ若いが、志はさかんで気も鋭い。その志気を才で運用する男である。僕は長藩の若手中では、第一流であるとこれまで推奨してきた。今、京都をすぎて江戸に行こうとしている。すでに世の中は大変革するきざしがあらわれている。君は僕たち仲間の中心的人物である。京都や江戸にはこの大変革ととりくむ英雄豪傑がいる。彼らと大いに論じて、何をし、何をすべきかをはっきり見定めて、日本の行くべき道をきわめてほしい。それができないで、僕が推奨してきた言葉を単なる私見に終わらせるようなことがあれば、大いに恥じるべきである」

そのあと、松陰についで、玄瑞の諸友が、「軽挙妄動するな」とか、「深思熟慮せよ」とか、さかんに強調しているのをきいた松陰はもう一言いわないではいられなくなった。「君はそんなことをよく知っているし、そんなことはわかりきったことである。今の世に足らないのは果断である。玄瑞よ、今こそ、何をすべきかをはっきりと見定めるときである」と叱咤する。

松陰の大きな期待

しかも、松陰は、東行中の玄瑞を追いかけるように手紙を書く。「江幡五郎、桜任蔵、長原武などに添書を書かなかったが、栄太郎に相談すれば紹介してくれよう。松洞も、すでに江戸にいる筈。力をあわせて、時勢の動きを観察し、世子定広侯に知らせ、すぐれた言行の人がいたら、松洞に描かせ、君が伝を書いてこれも定広侯にみせ、侯の眼をさますようにしてほしい」ここには、玄瑞を村塾生の中心的人物に育てあげようとする松陰の配慮、たえず藩士と藩世子を教育していこうとする姿勢がある。

京都にいる玄瑞から、手紙がくると、早速、会っておいた方がよい人々の名を知らせている。「大阪では大久保要を、京都では水戸藩の鵜飼吉左衛門を訪ねるとよい。梅田雲浜は君はすでに面識のある筈、梁川星巌、春日讃岐守も訪ねるとよい。書生顔して、京都町奉行を訪ねてみるのもいい勉強になろう。町奉行ぐらいになるとなかなかの人物もいるものである」

江戸についた玄瑞に対して、玄瑞と松洞で江戸の動きを、中谷正亮が京都・大阪を、北条源蔵は長崎と、それぞれ正確にとらえて報告しあう必要があることを強調し、玄瑞の眼を日本的規模でしかも重点的に把握できるように指導していくとともに、玄瑞が担当する江戸での、玄瑞の同志の状況、幕府の中の有志の様子、さらに現在の政治担当者の思想動向と能力についてはっきりとつかむように求めている。

対立と和解、そして飛躍へ

十一月から十二月にかけて、松陰の間部要撃の計画をめぐって、玄瑞もまた松陰と対立するわけであるが、安政六年二月伏見要駕策の実行にあたって、これを妨害し、同志の野村和作を逮捕におしやったということで、三月二十九日、松陰は玄瑞に絶交状をつきつける。絶交状をつきつけられたものは、このほか、晋作、松洞にはじまって小田村伊之助、来原良蔵などの友人にまでおよんでいる。もちろんこのときの松陰はすべての計画が失敗し、弟子たちは動かず、すべてに絶望して、一種の精神錯乱に近い状態にあった。が、まもなく、冷静さをとりもどした松陰は、玄瑞に自ら反省した言葉を書きおくり、五月、萩をたって江戸に護送されるにあたっては、入獄の入江杉蔵、野村和作のことをたのんでいく。玄瑞の杉蔵に対する懇切丁寧な助言、指導、書物の世話がはじまる。

後に、杉蔵が大きく活躍するのは、このときの学習が非常に役立ったためである。これは同時に、玄瑞を村塾の中心におしやることにもなった。松陰の刑死後、ともすると滅入りがちになる塾生にむかって、激励の手紙をつぎつぎと書いていくのも玄瑞であった。玄瑞を中心に定期的に研究会ももたれるようになる。しかし、まもなく玄瑞自身は、万延元年四月江戸に行き、幕府の蕃書調所にはいって英学の勉強をはじめた。

江戸での彼は村塾の維持も大切だが、それ以上に、塾生の団結と強化が肝心だと、次第に思いはじめる。杉蔵にむかって、「村塾の維持にあまりとらわれないように」と書きおくったのも、その一つであった。むしろ、その仕事は、杉蔵の弟和作にやらせ、それぞれの大飛躍をねらっていたのである。

玄瑞の思想とその限界

文久元年の中頃から、幕府は公武合体を通じて、その権力の強化をはかり、最後の狂奔をはじめたとき、「今こそ松陰の意志を継承してこの動きをぶちこわすべきである」と判断した玄瑞は急拠、萩にかえり、前述したように晋作と行をともにし、周布政之助の説得、一燈銭申合と次々に手をうっていく。

文久二年一月、老中安藤信正が坂下門に襲撃された直後、玄瑞はついに脱藩をし、松陰ののこした、藩意識をこえ、あるいはぶち破ろうとする志士の組織化にむかって、第一歩をおこす。

そのころ、萩にやってきた坂本竜馬を通じて、武市瑞山（土佐勤王党の中心人物）あてに、「諸侯たのむに足らず、公卿たのむに足らず、尊藩も弊藩も大義を貫くために滅亡したとしてもどうということはない」と書きおくり、同じく、薩藩の樺山三円には「政府はまず問題外において各藩の有志が連絡して行動をおこすことである。大名の存在にだけ心をつかっていてはおかしい。いくら、大名の家が幾百万年つづいても、大義が貫かれないかぎり、何ら益にもならない」と書いている。

ただ、当時おくれた思想的政治的状況と、玄瑞自らの思想的貧弱さが相俟って、松陰が模索の段階でうちだした〝尊王攘夷〟によりかかったまま、ついに、その枠をうち破るほどの政治的スローガンをうちだすことができなかった。

玄瑞は、松陰が「天朝たのむに足らず、藩侯たのむに足らず、たのむべきは唯この六尺の身体」と思いいたった点を考えることができないで、かえって、松陰のそれ以前の時点にかえっていった。橋本左内の思想を学ぶということもしなかった。

玄瑞は、亡命という行動を学びとり、自らも亡命しながら、亡命という思想的意味はついに学びとれなかった。蕃書調所での英学の研究ぐらいでは、天皇をのりこえることはできなかった。玄瑞は、自らかかげた「尊王」のために、

坂本竜馬（1835〜67）
土佐藩士。海援隊をひきいて薩長連合に奔走した。

結局、自らを亡ぼしていくことになるのである。

それぞれの道を行く玄瑞と晋作

文久二年十月には、京都で松陰の慰霊祭を行い、村塾生に、改めて現状認識と決断をせまる。このとき、玄瑞が二十三歳、最年長の前原一誠は二十九歳、杉蔵二十六歳、晋作二十四歳、栄太郎二十二歳、少年弥二郎も二十歳となり、最年少の山田顕義まで十九歳になっていた。彼らは自ら判断しながら、もっとも行動的でありうる世代にさしかかっていたのである。彼らの行動が火を噴くように激しかったのも無理はない。松陰の死に対する怒りの感情も働いていたであろう。その中心となって働いたのが玄瑞であり、晋作である。二人は、それぞれの変革の路線の先頭にたってつきすすんだ。

「攘夷」を幕府追及の手段として、徹底的においつめていった玄瑞たちも、文久三年の最後の段階で、八・一八の政変がおこり、孝明天皇は「十八日以前のものは、真偽不明のものが多かったが、十八日以後のものが私の本意である」（続再夢記事）というまでに変わり、彼らは暴臣・暴徒ときめつけられる。玄瑞はここでもう一度、「松陰の六尺の身体」にたちかえって、考えなおしてみる機会にたたされるわけであるが、その方向にすすむことができず、君側《くんそく》の奸《かん》を除くという名目の下に、再び自らの武力で、天皇の意志を自らの欲するようにねじまげようという方向にむかうのである。それが翌元治元年の禁門の変であり、そこで玄瑞は戦死していくのである。

その結果、玄瑞は、藩意識をこえた個としての志士の組織化を不徹底なものに終わらせることになる。玄瑞がもし生きていたらというほど、愚かな問いはないが、玄瑞にもう少し考える素材と時間をあたえていたら、個としての人間を明確にとらえることができたのではあるまいか。医学生としての橋本左内が、すでに個としての人間の立場から、原理や思想によりどころを見出しはじめていたように、同じ医学生として、容易にできたのではあるまいか。

松陰の信頼を一身に集めた吉田栄太郎

松陰と栄太郎少年の出会い

試みに読ませた文章を読み終えるなり、「僕はこんなことを学びにきたのではありません」といかにも不満げに突っ返して寄こした初対面の少年の顔を、松陰は思わずみつめた。

読ませたのは韓退之《かんたいし》の「城南に読書す」という文である。これは立身出世のための文章といってもよいものだった。こんな文章は、少年には何の関心も興味もわかなかったのである。それではと今度は、松陰は孟子の万章第九を読ませた。百里奚《ひゃくりけい》という男が、主君を諫めても仕方がないといって、他国に去ったのは聖賢の人であると弁じたものである。少年は浮かぬ顔をしていた。「諫めもせず、死にもせず、どうして聖賢といえるのですか」。この言葉を聞いて、松陰ははじめて、自分の学問についての考え方を述べたのである。この少年が当時十六歳の吉田栄太郎であり、松陰との最初の出会いの様子であった。

二人は最初の出会いにおいて、早くも相互に深く認めあい、その心の底の部分でかかわりあい、結びあったのである。

武道から学問への転向

栄太郎は杉家の隣家に住む、天保十二年生まれの（晋作より二年後輩・玄瑞より一年後輩）足軽の子で、吉田という姓も、もとより自称のものであった。長州藩の足軽は名字帯刀を許されていなかった。貧窮のため、十三歳で早くも江戸表の毛利邸で小者としての職についていたが、ここで図らずもぶつかったのはアメリカからやってきた黒船騒ぎであった。この事件は、多感な少年の魂を根底からゆさぶったのである。栄太郎は、大いに発奮し、武術の技をもって何かをしようと、熱心にけいこをはじめた。萩では、松下村塾の前身、久保塾に学んだこともあったから、帰国して松陰を訪れ、教えを請うたのも、自然のなりゆきであった。

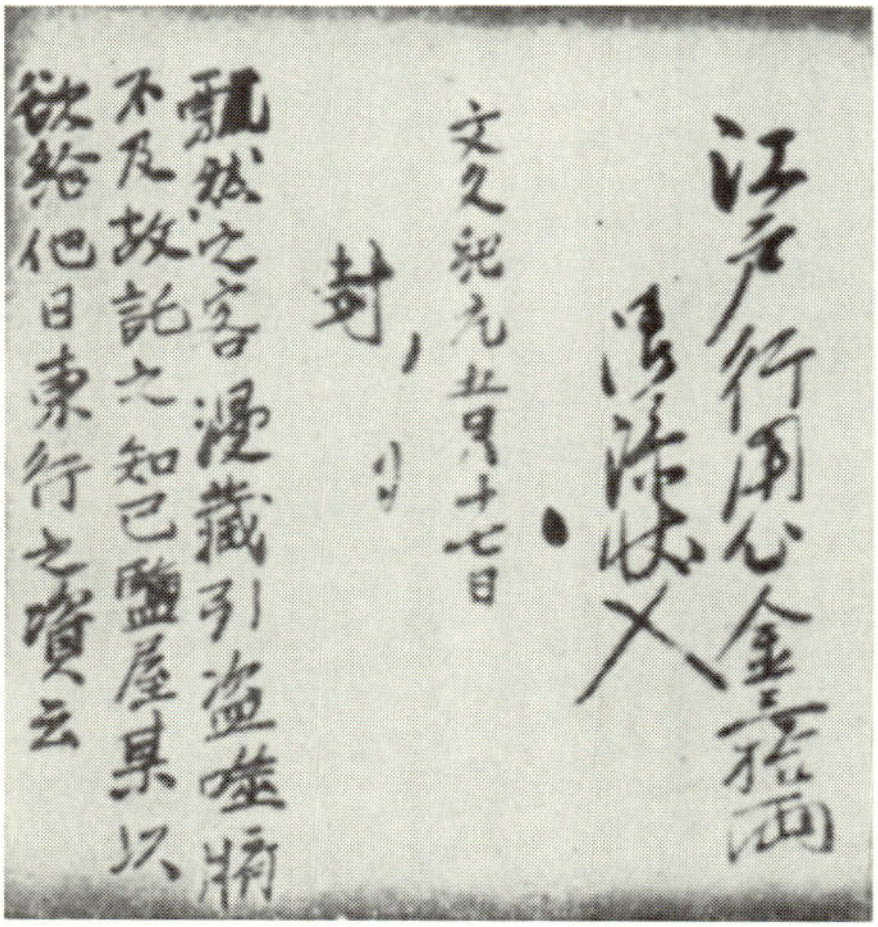

吉田栄太郎（稔麿）の遺墨
池田屋事件で殺された栄太郎ののこしたもの。

だが、松陰との出会いで、栄太郎は彼自身の進む道を明確にしていくことになる。松陰の話が、彼を深く感動させたからである。彼はぷっつりと武術のけいこをやめ、専心、読書に励みはじめる。松陰もまた、栄太郎の師を求める態度、学ぶ姿勢に大きく感動していた。しかしこの頃（安政三年十一月）の松陰にはまだ弟子らしい弟子もなく、玄瑞との文通ははじまっていたが、師弟の関係は成立していなかったし、もちろん、晋作も弟子入りしていない。「たとえ、このまま幽囚の身で終わっても、自分の志をつぐ者を一人だけ作っておけば、いつかは自分の志は達成される。そのためには、どんなことをしても一人だけは作っておかねばならない」（黙霖への手紙）と下田渡海に失敗して以来思いつめてきた松陰を、栄太郎との出会いが、どんなに喜ばせたことであろう。

誇りと自信をうえつける

松陰は栄太郎のよき理解者であり、同時に、栄太郎は松陰の心を奥深く見つめ、見通す弟子であった。教える者と導かれる者との間柄以上に密着したものを、お互いに感じあったのである。

松陰は多くの弟子に、請われるままに名や字をつけてやっている。そしてその名のよってきたる理由と意義を解説し、どうしてその名がつけられたか、名にふさわしい人間とはどんな人間かを説き、そういう人間たれと励ましている。栄太郎もまた、秀実という名と無逸という字をつけてもらっている。「汝は苗である。けがれ草の苗ではない。私はすでにこれを試した。怠らないなら、すなわち秀であり、実である。よく学びつづければ、逸することは無い」。松陰はつづいて、秀実という名の二人の傑出した人をあげ、この二人の伝記を研究させている。同名の偉人の伝記によって、自分に対する誇りと自信をうえつけるとともに古人と競争させようとしたのである。

誇りと自信をもたせることは、また各人が持っている力のありったけを出し尽くし、それを活用させる手段である。ことに古人との競争は、同僚とのつまらぬ競争をやめさせ、同僚に対する優越感や劣等感をもたせることがないばかりか、もうこれでいいということがない、限りなく前進をつづけていく自己教育の方策でもある。栄太郎が二人の伝記を作ったとき、さらにその跋《ばつ》を書いて、松陰は激励している。

弟のように愛し信頼した松陰

栄太郎が、村でぶらぶらしている、同年輩の三人の不良少年をつれてきて、これを松陰に託したとき、松陰は快くこれをひきうけた。彼はこの三少年に孝の道を説き、彼らを感動させ、学ぶ心をひきだした上で、松陰のところへ連れてきたのである。松陰としては、はじめは、気が重く、乗気になれなかったが、栄太郎の心中に村塾を広く村人のものとしていこうとする意図を感じとったので、その気持を重んずるところから、松陰の心も変わっていったのである。松陰は三人に名をつけ、一書を与えて教えている。

栄太郎が仕事のために、再び江戸にむかったのは安政四年九月。彼の出発に先だって、松陰は餞《はなむけ》の品と一緒にこんな手紙を送っている。

「僕の身の上は御存じの通り、すでに決定してしまってどうにもならないが、貴君なら、僕の志を継いでくれよう。僕の志を継ぐにふさわしい人がみつかったら、その人に力添えをしてほしい。だがそのような人がいなければ、貴君がその人になってほしい。この度は暮しむきも少しは楽になることだから、どうか天下国家のために、僕の志を継いで下さるようお願いする」。松陰の栄太郎に対する信頼と期待の大きさがよくわかる。同時に、栄太郎自身に与えた誇りと自信はさらに大きかったであろう。「その人なくば、貴君がその人になるべし」といいきる松陰の期待の前には、いつか、ためらいや無力感もきえていくしかあるまい。松陰は、これと前後し、江戸の長原武（山鹿素水の弟子、松陰と同門の士）に書きおくり、「栄太郎は僕が弟のように愛し、信頼している者、御指導をたのむ」といっている。

苦しい江戸遊学

江戸では、然るべき人に力をかせ、そうでなければ、お前自身その人間となれといわれて、三年の予定で、江戸にむかった栄太郎ではあったが、家の借金に追われて、江戸にでかせぎにでた十七歳の少年である。松陰の一喝にあって学問をはじめたものの、仕事に追われての毎日は、心身くたくたになって、思うにまかせない。「こんなことでは、私は俗物になりかねない。それを思うと胸が一杯になって涙さえでてきます」とその苦衷を松陰に書きおくった。

もちろん、寸暇をつくって、桜任蔵（藤田東湖の門下で松陰・西郷隆盛らと深交のあった活動家。井伊大老の暗殺計画をすすめた一人）を訪ねて学んだり、桂小五郎、入江杉蔵、松浦松洞なども行き来して、精いっぱい自己の啓発につとめている。

栄太郎の帰国を待つ松陰

翌安政五年六月に、三年の計画をやめて帰国することにきめ、それを松陰に報告したとき、誰よりも喜んだのは松陰その人であった。松陰は、時勢が逼迫し、寸暇も惜しいと思われるようなとき、この有為の少年を三年もの間、小者の役につかせておく損害はあまりに大きいと考えていた。まして、過ぎ去った年はもどらないし、好機を逃がすととんでもないことになると思えば、なおさらである。松陰は早速、筆をとって書きおくる。

「君の三年という計画は誤っていた。才をたのみすぎたためかもしれぬ。しかし、君には本当の才能があった。世の中でたのむに足るのも才であるが、たのむに足りないのも同じく才である。君が前の計画をやめて帰ることにしたのも、この才である。僕は君の事を始終思っていた。君が帰ることにきめたときいて、こんなうれしいことはない。会って話ができるのを待っている」

だが、栄太郎の帰国はのびのびになり、とうとう、十月十五日まで江戸にとどまっている。その間、杉蔵が萩から帰ってきて、村塾の話をするのをきいて、頭をじんじんさせ、松陰が「栄太郎はもう江戸をたっているはずだから、栄太郎あての手紙を書かなかった」と友人あての手紙に書いているのを知って感動したりしている。

松陰下獄、栄太郎謹慎

栄太郎が萩についたときは、松陰が塾生をひきつれて間部要撃を計画している最中であった。栄太郎もすぐさま、その一団に加わるが、藩政府は水戸斉昭、一橋慶喜、松平春嶽の謹慎がさらに山内容堂にまでおよぶという風評におびえていた有様であったので、早速松陰を下獄させることにしてしまった。怒った栄太郎は杉蔵たちと一緒に、松陰の罪名を追及して決起。このため栄太郎たちは城下を騒がせたという罪で、十二月六日自宅に謹慎を命じられる。

十二月二十六日、松陰が下獄していくときは、栄太郎は母と一緒に見送ったが、それが二人の永訣となったばかりか、行動の上でもはなればなれになっていき、ついにそのままで終わるという、松陰の最大の痛心事がはじまる。

十二月末に、罪名を追及して一緒に謹慎になった前原一誠たちは許されたが、栄太郎には赦免がない。生活費をかせぐことを迫られている栄太郎にとってはショックである。まして、士分の者たちは許されても、足軽である栄太郎が、同じ足軽の杉蔵とともに許されなかったことは相当にこたえたであろう。正確には、栄太郎の心境をうかがうことはできないが、安政六年一月七日、簡単な手紙を松陰に送ったきりで、あとは沈黙を守ったまま、松陰はもちろん、友人たちに対しても一言もいおうとしない。たまりかねたのは松陰の方である。松陰は何度か、栄太郎に書こうと思うが、そこをがまんして彼からの手紙を待った。だが、依然として、栄太郎からは何の音沙汰もない。とうとう、松陰の方が書かねばならない立場にたたされる。

松陰の呼びかけに応えない栄太郎

「栄太郎君、君は現在どうしておられるのか。何を考え、何を為そうとしておられるのか。僕は下獄以来、ずっと君のことを思ってきたが、君もきっと僕のことを思ってくれているにちがいない。お互いにこんなに思いあいながら、お互いに手紙も書くことなく、相遠くなっているのはなぜなのか。今は大変な時期、君もそのことをよく知っているはずだ。こういう時に、慈母の愛や親兄弟のことを顧みずに大事を為すことができるのは非常の人だけである。この言葉は強すぎるかもしれないが、すじの通った意見であることには間違いない。君はどう思うか、ぜひきかせてほしい。僕の見る所では、君の性格は凡俗ではないし、その才もなみなみでないものをもっている。まさに、非常の時、非常のことを為しうる人というべきである。最近、有志の者たちの中には今は時機ではない、軽々しく動くときは敗をとるだけだという意見をもつ者が多いが、まさか、君がそんな意見をもっているのではあるまい。僕が君にぜひともききたい点はここにある。君の学問はまだまだ不十分だから、うんと学んでほしい。そして、古人の為したところ、古人の思ったところを考えぬいてほしい。杉蔵たちはしばしば手紙をくれるし、徳民は、志を諸友に通ずるために走りまわっている」（安政六年一月二十三日）

だが、栄太郎はこの松陰の呼び声にも、頑として口を塞いだまま応えようとしない。かつて、松陰が、高杉の陽頑に対して、栄太郎を陰頑と評したことがあるが、心の底にあるものをめったに人にみせようとしない彼の態度がこの時に最も鋭くあらわれたのである。相手が松陰であろうと頓着しないのが栄太郎の徹底しているところである。返事をよこさない栄太郎のことを気にかけながらも、一月二十七日の夜には、杉蔵にむかって、栄太郎がいかに出会いがたい優れた人材であるか、また、自分をどんなに深く理解しているかを口をきわめて強調している。栄太郎の許されたのは、これより二日前の二十五日。その赦免状には、「匹夫の身として諸士に交わり行動することはもっての外」と書いてあった。栄太郎はこのことをはじめとして、数々のことを考えねばならなかったに違いない。これまで、深く考えることもないままに、つきすすんできた彼として、沈思するときでもあった。

過ちを悔いる松陰

松陰に対して何も語らず、塾生との交際を絶った栄太郎に対して、塾生の間から、彼の変節がささやかれはじめた。まさかとは思っていた松陰まで、極貧の家庭にあって、親たちから、強く反対されて、栄太郎もとうとう志を放棄してしまったかと思いはじめる。松陰は一人ひそかに、自分の愛した栄太郎の心死を慟哭《どうこく》の中に弔うのである。弔いながらも、心のどこかでは、栄太郎ともあろうものが、人間として心を殺すほどみじめなことはないのを知らぬはずはないがという気持をふっきれない。まもなく、松陰はとんでもない間違いをしたことに気づいて、栄太郎あてに手紙を書く。

「皆が君の心の死をいうので、僕もとうとうそう思うようになっていたが、そうでないことをさとって、今冷汗をかいている。これは僕の生涯の中での一番大きな過ちであった。君の心は終始一つであった。そればかりか、君は今初めて、師友の関係を離れて独立したのである。僕はそれを理解できないために、君の心を失ってしまった。君はきっと、『松陰って奴は人をみる眼がない。これでは、ともに謀ることはできない。残念だが捨て去る以外にない』と思っているに違いない。どうか、僕を許してほしい。僕が君を愛することは、秀吉が清正を愛したと同じである。清正は疑いをうけると秀吉に訴えた。しかし君は疑いをうけても自分から訴えるということをしなかった。君は清正以上の人傑である。僕の悔悟にあきたらなければ、一度獄にやってきて、僕の気持のうそでないことをみてほしい」

苦悩の日々

ついで二十二日には、「君こそ、男としての真骨頂をもった人間である。君が僕と絶交したいならば、絶交すればよい。僕はますます、君に感じて、交わりを絶つことはできない」という信頼にみちた手紙を送っている。

他方では、同じ十五日、杉蔵にあてて、「頭痛のために一眠りしていると、栄太郎のことを夢に見て、泣いてしまった。昔と今では学問も識見も一変したし、時勢も同じでないから、昔からの友人は清太郎一人になったのもしかたないが、僕の幽囚以来最初に得た栄太郎に去られたとなるとたまらない気持がする。僕は栄太郎の心をとらえることができなかったのであろうか。今こそ、心をあわせて、大事をなそうとするとき、栄太郎に去られるとは一体どういうことであろう。もちろん僕としては、無理に僕の方向に彼をまきこもうとは考えていない。栄太郎は彼なりに、歴史に残るような人になってくれたら、僕に背いたからといっても問題ではない。栄太郎を貴方が諫めようとしてもできることではない。杉蔵や徳民がいっても、栄太郎は彼らを軽蔑しているからだめだろう。栄太郎の挫折は家の人たちにいわれてだろうと思うとかえって気の毒にさえ思われる。……今日は少しいいすぎて、当を得ないことをいったかもしれないが、どうか僕の気持を察してくれたまえ」と自分の苦しい気持を訴えている。

栄太郎を気にしつつ死をむかえた松陰

だが、栄太郎は相変わらず沈黙を守りつづけて、松陰に応えようとしない。やっと、松陰のところにとどいた栄太郎の手紙には、ただ、「母に心配をかけたくない。そのため、私は俗吏になることに決心しました」と書いている。松陰は無理はないと思うのである。それこそ、栄太郎にとって、今は時期がわるいと思うのである。

五月に書いた杉蔵あての手紙には、「栄太郎のことは一応別にしておいてほしい。僕としては、彼に敬服しているし、そのことは僕だけが知っていればよい」とあり、死を前にして、後事を託した晋作あての手紙にも、「栄太郎のことは特別に心をつかってほしい。彼は今苦しい立場にあって、皆に疑われているが、僕は昔と同じように、彼を愛している。僕が愛するために、かえって禍になると思って、僕をさけている。だが僕には彼を捨てることはできない」とあり、松陰は最後まで、栄太郎のことを気にしながら死んでいったのである。

このとき、栄太郎は数え年わずか十九歳、今の年齢でいうなら十八歳。高校三年生か大学一年生である。そこは、自分の才をたのむ陰頑の栄太郎である。松陰の刑死を耳にしながら、無表情のまま、沈思の生活をつづけていった。

再び活動を開始する栄太郎

彼のこの生活は万延元年十月の亡命までつづく。約二年間つづいたことになる。自分の心の熟するのを待って、栄太郎は再び活動を開始した。しかも、旗本の家に仕えて、幕府の内情をその眼で直接とらえていくのである。約一年後に、直接、藩の世子定広に会って、亡命の罪を許され、文久二年、十月十七日の京都における松陰の慰霊祭に初めて、旧友たちとともに参加。その後の彼の活動はまことにめざましいものになる。

とくに、かつて旗本の家臣であった体験を生かして、思いきった手をうち、長州藩ばかりでなく、各藩の志士の中の中心的役割を果たしていくほどに成長していった。ことに、部落民を組織し、その解放を彼ら自身にやらせようとしたことは、大変な意味をもっている。松陰が信じていた通りになるのである。池田屋の変で戦死。

入江兄弟――うるわしい師弟愛

松陰、入江杉蔵にほれこむ

最も遅くに村塾に入門し、したがって村塾での指導は通算一ヵ月にも満たなかったが、松陰の入獄後は、門人中ただ一人の協力者として獄中の師の手足になろうと努力したのが入江杉蔵である。足軽の子に生まれた彼は、十三歳のときから働き、十七歳の頃、松陰の友人中谷正亮と往来するようになって、はじめて時局のことに眼を開かれた。

二十歳で父を失い、一家の大黒柱となって江戸の藩邸で走り使いなどしていたが、国の危機を思うとじっとしていられない。既に弟の和作（野村靖）が入門している村塾に松陰を訪ねたのが安政五年七月。江戸から萩に帰った、僅か数日の滞在期間を利用してであった。引き返し、再び江戸に飛んで行く杉蔵に対して松陰は、「杉蔵は使い働きの身ながら、天下の事を憂い、その志もまた大きい。しかも彼の考えは僕のそれとよく似ている。これは僕にとってはなはだ嬉しいことだ。だが、こんなことは書を読む人間の常であり、別に貴ぶほどのことではない。僕が彼を真に貰いとするのは、彼の憂いの切なること、その策の要なることである。これは僕の及ばないところである」という手紙を送って、杉蔵に対するほれこみようを素直に表わした。

杉蔵のひきたてを依頼する松陰

杉蔵が訪問してきた翌日には、早速、藩の手元役前田孫右衛門の所に、「今日、京都から来た飛脚便の内容を教えて貰えたら」という手紙を、彼にもたせてやっている。杉蔵の人物にぞっこんほれこんだ松陰は、彼が年齢も二十二歳になっている上に、江戸との往来も経験している貴重な存在として、はじめから、彼を同志として扱っている。それに、彼との対面の時期が、既に村塾が同志の結合といった意味あいをつよめていたことにもよろう。

松陰との対面後、再び江戸に行った杉蔵はもう完全に同志の一員であり、江戸滞在中の村塾の仲間たちと共に語り、共に行動している。

この年の十月中旬、松陰は藩の家老益田弾正の家来の片山家の養子に、知りあって間もない杉蔵を推薦した。江戸在往の来島又兵衛にそのいきさつと、至急杉蔵を帰国させるようとりはからってもらいたいという手紙を出した。松陰は手紙の中で、「杉蔵もきっと不満ではあろうが、儒官となれば、（片山家は儒家）君側にも出られる故、思いきり直諫《ちょっかん》もでき、また、遊学の事なども思い通りとなろう。それでも杉蔵が嫌だといったら、杉蔵は諫死も出来ぬ男と品定めするがいいと伝えていただきたい。こちらで、弾正が、もし杉蔵が断ったらどうしようというので、僕にお任せ下さいと答えたのだが、それも杉蔵が立派に諫死できる男と見こんだからのことである。学問が未熟だなどとかこつけたら、杉蔵の学問識見は、『絶渡苦心策』で、弾正も僕も、もはや品定めはすんでいるから、今さらうわべを飾ろうとどうにもならない」と全く強引に自分の意見をおしつけている。だが、これも一方では、彼の将来を思い、彼の人物を惜しむ愛情の表われでもあった。

獄中の対話

杉蔵はその手紙の書かれた夕方に萩に帰る。しかもこの頃は、間部要撃の計画がすすめられていたので、その話はそのままになり、杉蔵は要撃計画に加わる。つづいて、野山獄に松陰が送られるときくや、罪名論をひっさげて周布政之助を訪れる。そのため、暴徒の名を受けて謹慎を命ぜられたが、吉田栄太郎、品川弥二郎、杉蔵の三人は軽輩という理由で、他の者より一ヵ月も謹慎を解かれるのが遅かった。その謹慎の最中に、「今度は、弟和作と自分のうち、どちらか一人が天下国家の為に命を捧げ、一人は家と母の為に尽くしたい」と申し出、松陰は伏見要駕策を企てるのである。はじめ、松陰はこの行のため、杉蔵のほか、岡部富太郎、前原一誠の三人を考えたが、結局行動に踏み切る決心をしたのは杉蔵一人であり、その杉蔵も最後のどたん場で、弟の和作と交替する。しかし、その計画は露顕して、杉蔵は岩倉獄にほうりこまれた。

松陰は、獄中の杉蔵に語りかける。

「寺島、増野から聞くところによると、貴君の所には本がないということである。本がなくて、どうやって一日を過ごしていられるのだろうか。僕は此処に来て大いに学問が進んだ。今の一日を無駄に費すことは、悔んでも悔みきれないことである。昨日たまたま綱鑑を読んだが、大いに得るところがあった。ここに南宋紀五冊を送る。じっくり読んでほしい。

宋は弱いとはいえ、君子の多い国で、学問気節は、とうてい今日の日本の及ぶところではない。だが、僕と貴君が奮励努力して大道を成就し、頽風《たいふう》を挽回すれば、趙氏に勝ることになって、死んでも朽ちることはない」とじゅんじゅんと諭す。松陰は獄中生活を通じて、杉蔵を身近に感じたのである。それは師弟の関係をこえて、同志の先輩と後輩の関係である。

松陰の江戸送りに涙の一筆

後に、弟和作が捕えられてからは、松陰はこの二人を相手に、死と生の問題を考え、説きはじめる。

松陰が江戸送りになるときいた杉蔵は、心配のあまり落涙しながら筆をとった。

「先生が江戸送りになる由、天命と思いますが、長州藩の運命はおろか、日本の運命もこれできまったようなものです。先生のこの行を幕府に直諫する好機だと考えている者もあるとききますが、思わないのも甚しい。幕府の役人は決して君子でもなく、むしろ姦人です」。松陰はこれを読んで感泣し、この手紙を弥二郎に送り、深く蔵しておくようにたのむのである。

杉蔵は翌日になるとまた筆をとった。

「杉蔵は先生の和を過分に頂き、感謝感謝。けれども従学して日が浅く、道をきく事も他の友人にくらべて少ないので、今度の江戸行きは他の友人の何倍も残念です」と。そして松陰のいないあとも、必ず、その志をつぐことを誓い、取調べ官がもののわかる人であるように願い、更に、松陰には位牌にならないようにと要求するのである。

禁門の変（1864）
真木和泉・久坂玄瑞のひきいる長州軍は、京都の鷹司邸に拠って奮戦したが、重囲におちいって敗走した。

松陰もまた、「もし僕が道中や江戸邸で毒殺されたら、だまされてでなく、毒を承知で呑んだことを、君一人の胸にしまって、知っておいてくれたまえ」と書いている。

こうして松陰のいなくなった後、杉蔵は松陰の指示通り、久坂の指導の下に、一心に学ぶのである。それは松陰の信頼と期待に応えようとする必死の姿でもあった。松陰は刑死に先立って、杉蔵に長い手紙をしたため、尊攘堂の建設のこと、大学を興す事の二つの事業を託した。そして同じ日に書いた、もう一通の手紙には、「僕が江戸に立つ時、貴君は死ぬ覚悟が必要なのではないかと心配してくれたが、あれは本当に、適切な言葉だった」と感慨深く書いている。禁門の変で戦死。

画家松洞から変革者へ

詩を学ぶため松陰を訪ねる

松洞が松陰を訪れたのは安政三年も末のことである。松洞は天保八年（高杉晋作より二年先輩になる）萩郊外の松本村の魚屋に生まれたが、幼時から絵を描くのが巧みで、神童とまでいわれていた。十四歳で礀西涯について本格的に絵の修業をはじめ、後に京都で、西涯の師の小田海僊《おだかいせん》に学んだ。海仙の「行きつく所、絵の中には詩があり、詩の中には絵がみられる。絵と詩は二様のものではない」と語った言葉を、松洞は彼なりに理解し、どうやら、絵の中の詩を理解することができるようになったが、詩の中に描かれる絵となると、もう一つわからぬところがある。これは、自分の絵に対する理解そのものが未熟なせいもあろうが、詩心をつかみ得ていないために違いない。これはどうしても詩の勉強をせねばならぬと考えて、松陰を訪ねたのである。

既に書いたように、松陰は若い頃、文芸を軽視する傾向にあった。野山獄では俳句まで作るようになったのであるから、その頃では軽視するということはなくなっていたが、かといって詩のために精力的に勉強をするほどのいとまや関心はなかった。そんな自分が松洞の求めるものを満足させてやれるとは思えない。松陰は気のむかぬままに、彼の申し出をことわった。だが、松洞はあまりにも熱心であり、強引でもあった。とても諦めて帰るような男ではない。その熱意が彼の全身から感じられるほどであった。そうなるとことわるどころか、逆にひきこまれていく松陰である。

絵から歴史に眼を開く

松陰は「自分の感情をそのままいいあらわして、時代をふるいおこさせるのは豪傑の詩であり、時流に流されて自分の感情を失ってしまうものを俗物の詩という」と前置きしてかねて自分が読みたいと思いながら読めずにいた詩集をいくつか取りだし、松洞に選ばせた。

自分の絵を完成させようとやってきた松洞に詩文を教えることは、松陰の詩に対する、また文芸に対する関心を新たにし、深めるのに大いに役立つことになった。彼は松洞を通じて画法を学び、絵心さえつかんでいくのである。松陰の時代に対する姿勢はまた松洞を刺激せずにはおかなかった。絵を描くこと一筋に生きてきた松洞が次第に歴史に対する眼を開かせられ、時局に対して鋭い批判を抱かせられていくのである。

松洞はかつて、師西涯から、「大昔の絵はそのまま政事を占うものとして、意義ある存在であった。ところが太宗の頃から、絵は閑人のもてあそぶものになってしまい、有効性のあるものは俗であると退けられ、遂に無用の長物となり下った」という説を聞いたことがあったが、松陰に学ぶにおよんで、松洞には、その言葉がしみじみと思いかえされてきたのである。そして、美しい花を、風物を、真にせまるように描こうとして、技を磨き研鑽していくことが、なんとなく物足らなく思えてきたのである。そうなると、絵を描くことすらが、無意味のような気さえしてくる。しかも、自分はこれまで絵を描くことのみに、全精力を注いできた。彼はそんな自分にやりきれなくなったのである。何を描くべきかと思い患うようになった。そして松洞が辿りついた結論は、山水風物を描くことをやめ、人物を描いていくということであった。

歴史に残る忠孝義烈の人物を描くことが絵を有効性あるものにしていくことであると考えたのである。松洞は歴史書を丹念に読みかえして、それを素材にして一図を作ろうとし、あるいは、国中を歩き廻って英雄の遺像をさがしだし、それを絵にしたいと考えはじめた。市井の一絵師にすぎなかった松洞が、幕末の混乱した時代の子として、時代と自分を結びつけ、それに自分の生涯の業である絵をどう結びつけるかを、必死になって問いつづけた結果到達したものである。そこに松陰の教育が、松陰の存在そのものが大きくかかわっていたことは明らかである。詩を学びにいったはずの松洞が、いつのまにか、時代変革の精神を注入されて変革者に育てられていたのである。

現代人こそ描くべきだ

松陰が大津の烈婦登波の伝記を作ったのは、ちょうどこの頃、詳しくいえば、安政四年七月のことであった。登波の話をきいて、松洞の心は躍動した。昔の偉人の像を描くべき時ではない。今、今日の時代に生きている傑れた人々の姿をこそ、描くべきではないか。それこそ現在、自分のなすべき仕事であり、最も有用なことだと考えついた彼は、筆と紙をひっさげて、今にも飛びだしそうな勢いで、このことを松陰に告げた。

松陰は松洞をひきとめて、たまたま、京都から帰ってきた僧月性の姿を描かせた。月性は、松陰の友人であり、松陰とともに、時代変革の道を歩みつづけている僧侶である。松陰は松洞の志である仕事の門出を、月性の姿を描かせることによって飾ったともいえる。

肖像画家として歩きつづける

その後、松洞は萩を中心として、近辺の志ある士の肖像を描くために、各地を巡歴し、松陰はそのために数々の紹介状を書きつづける。「友人松浦松洞が貴方の父上のお姿を拝して、それを絵にさせていただきたいから、私に前以てお願いしてほしいと申します。松洞は幼い頃より絵を描くことが好きで、絵かきになったのですが、山水や花、鳥などの風流な絵を描くことを志しているのではありません。彼は忠孝の人、まれにみる傑れた人をさがして、その像を描きたいと願っているのです。私がお父上のなされた事を話すのをきき、是非ともその姿を描かせていただきたいといいだしたものですが、突然伺って、そのようなお願いをするのはあまり失礼のように思えるからといって、私にお願いの手紙を書くように頼んできたのです。何卒このお願いをお伝え下さって、松洞の望みをかなえてやっていただきたいと思います……」（安政四年八月十七日木原慎斎に与えた書、慎斎は松桂の子。松桂は安芸の人で「母を訪ねる記」があり、幼時生別した母を訪ねて後にその墓を発見したといわれている）といった、かなり丁重なものもある。

このときは松洞は行く事ができなかったが、後に松桂が病床にあることをきくと、安政五年正月飛ぶようにして訪ねていった。松桂はその三月後に病没している。

小倉の西田直養《なおかい》（小倉藩士で国学者。金石年表・直養漫筆などの著書多く、日頃松陰が敬慕していた人）を描きに行く松洞の為にはわざわざ、馬関（下関）の伊藤静斎に斡旋を依頼し、「松洞の有用絵巻」の企てを紹介している。

安政四年十月、松洞は伊藤静斎の所を経て小倉に向かい、十九日かかって西田翁の肖像を二幅描きあげた。このことは、彼に肖像画家の肩書をつけさせることになり、方々の富裕の家から、肖像画をたのまれるきっかけとなった。つまり、彼は肖像画家として飯が食えるようになったのである。

もちろん、このことは松洞の本意ではなかったが、この画料によって彼は行きたい所に行き、見たい物を見ることができるようになるのである。彼はこれらのことを事細かに松陰に報告し、

「有用絵巻に入るべき人物は小倉では西田と岩垂某と申す人の外にはいない。岩垂と申す人はいたって、意気慷慨の人と見受けられます」と伝えている。

有用絵巻に入りそうな人物を探して肖像を描きつつ、他方では各地の状況を松陰に報告し、同時に自らの見識をみがき、変革者としての自分を育てていたのが、この頃の松洞ということになる。しかも、その中で、革命思想の普及をしていたことを忘れてはならない。

変革者への道

松洞が本格的に変革者への道を歩みはじめたのは、安政五年三月、江戸に出てからといえよう。九月九日づけの手紙で、松陰が、水野土佐守をたおすことの必要を力説したことはすでに書いたが、これは松洞が、「条約調印をなじった水戸斉昭や松平春嶽たちがそのために幕府から謹慎を命じられながら、そのことを一向におこっていないのは感心である」と書いてきた返事のなかで、追記として書いた部分にあるもので、他の門弟たちには秘密にしろという注意書きがしてある。

松陰としては、斉昭や春嶽たちが幕府の命令をかしこまってうけているのはとんでもないことと考えている。それなのに松洞が感心していると知っては、がまんならなかったに違いない。まず感心しているのはお前だけなのか。それとも江戸にいる者たちの共通した意見なのかとつめより、自分としては老中の堀田、間部、井伊をあやつっている元凶は水野土佐守と考えるがどうかと意見を問うているのである。そして、追記のところで、江戸城内で水野を斬るのが上策、それには春嶽が適任であるから、越前藩士である山田と謀るとよいと書きおくっているのである。

この手紙を受取った松洞がどう動いたかは明らかではないが、実現の方向に運ばなかったことだけはたしかである。

長井雅楽暗殺をはかり憤死

安政五年末、松陰が再び入獄したとき、松洞も他の多くの弟子と同様に、松陰の期待を裏切った。このとき松陰は、「松洞はやはりただの絵師であったか、自分はあまりにほめすぎた」と嘆じていたが、それを見ても、松洞に対して変革者としての絵師、同志としての友を見つづけていたことがよくわかる。

だが、松陰の死後、もっとも早い時期に、もっとも激しい動きをするのは松洞である。即ちその三年後、京都に上り、松陰の遺志をとげるべく、奔走し、長井雅楽が公武合体論を説くのを憤激して、長井を刺そうとしたが、人々に止められて果たさず、怒った彼は、栗田山に入って自刃する。

彼の憤死は同志を鼓舞せずにはおかなかった。絵師の松洞が、同志の運動の口火を切るとは、松陰も想像していなかったであろう。しかし、松洞自身の内に燃えていた激しいものは、松陰のよく知るところであり、その情熱に愛国と変革という方向をつけたのは松陰その人だった。

品川弥二郎への全人教育

弥二郎少年に全身でぶつかった松陰

維新のとき、薩摩藩との緊密な連絡をはかって、薩長連合の基礎を築いた弥二郎は、維新後ドイツ公使、枢密顧問官などを歴任し、また産業組合を設立したことで知られているが、彼はまた、松陰の精神を普及することを自らのつとめとし、松陰の遺著刊行に尽力し、松陰が入江杉蔵に託しながら、杉蔵が果たし得なかった尊攘堂を京都に建設したことでも評価されてきた人物である。

この弥二郎がはじめて松陰にまみえたのは、安政四年十五歳のときであった。一見、温和で純朴そのもののような弥二郎ではあったが、松陰はその芯の強さ、人物の図太さ大きささを見抜き、大きな期待を寄せた。彼は弥二郎が十五歳も年下の少年でありながら、自分と対等に扱って、この少年に全身でぶつかり、その心をゆさぶりつづけ、少しも仮借するところがなかった。

品川弥二郎（1843～1900）
（国立国会図書館蔵）

きびしい教育方針

「楠公討死のところを涙を流しながら講義する。きく者が十二、三歳の少年であっても、先生は必死になって読み、講義したのである」という後年の弥二郎の話は、彼が、どんなに松陰から感銘をうけたかということと共に、松陰のうちこみ方の激しさがよくうかがわれる。松陰には少年だから手加減するとか、気をゆるめて適当にやるということがなかった。あるのは、ただ相手の能力と資質を最大限にひきだし、育て伸ばすことだけだった。もちろん松陰は弥二郎にかぎらず、誰に対しても人間として接し遇したが、とくに少年の中では弥二郎に期待したために、求めるものも大きく、厳しかった。

松陰は進んで弟子に名と字をあたえて、勉学の気持と誇りをかきたてたし、求められれば、大抵すぐに書いて与えたものであるが、弥二郎の場合にかぎって違っていた。松陰はなかなか与えようとしなかった。そのとき、弥二郎に与えた言葉は、「お前の真骨頂は何かを自分自身でつかめ」ということであった。松陰は、自ら考えることを求め、安直な態度を厳しく戒め、動かぬ自分をつかませようとしたのである。弥二郎が何月目かに得た「日孜」という名は、次の事実からみても弥二郎にふさわしいものであった。

安政五年四月、弥二郎の父弥市右衛門が、足軽から一代限りの士分にとりたてられた。当然、弥二郎の家は祝宴でにぎわい、彼も塾を休んだ。松陰は早速一書を寄せて、

「お前の家では、祝いの客が集まり、飲み食いの大騒ぎをしているのであろう。そのために、お前まで、それにまきこまれて数日も塾を休んだのであろうが、今日ただ今の如き、国家危急のとき、酒杯などあげているとはなにごとか。お前の同僚の時山直八たちは奮然として上京しようとしている」と叱りとばした。松陰が名をあげて弥二郎を叱咤した直八は弥二郎より一歳年長の少年であった。

弥二郎が、その年の九月、またもや塾を休んだときの松陰の態度はさらに厳しかった。「お前は年こそ幼く、学問もまだ未熟だが、その才は得難いものをもっている。僕はお前の成長をとっても期待してきた。それなのに何でお前は休むのか。時勢が切迫して、こわくなったのか。僕の意見に同意できなくなったのか。遊びほうけて、学問をさぼるような男ではないはずだ。意見があるならしかたないが、特別に意見がないのなら、即刻来るがよい。三日過ぎても来ないようなら、お前はもう僕の友ではない。去るなら去れ。僕は去っていくような者は追いはしない」

松陰の追及と信頼

松陰の間部要撃にはもちろん弥二郎も参加することになっていたし、松陰がそのために再び獄に下ることになった時は、松陰の罪名を吉田栄太郎たちと追及して家にとじこめられた。その後、

弥二郎も他の門弟同様に後退していくが、安政六年三月、野山獄から弥二郎に送った松陰の手紙は、弥二郎を、激しくつき動かさずにはおかぬほどに鋭く、しかも弥二郎への深い信頼に貫かれていた。「お前はもう再び、変革を口にしないというが、それは嘘である。もし、人がその言葉にだまされたとしても、僕はだまされはしない。たとえ僕をだましおおせたとしても、お前自身の心をごまかしきれるものではない。僕はお前の心の底まで、すっかり知っている。僕の追求が激しいのに弱りはて、また変革の容易でないことを知って、わざと口先でそんなことをいい、心の中では何時かはやってやる、そして松陰をへこましてやると思っているのだ。しかし、そんなことでだまされはせぬ。それに独りで何かをやるなどということは、とてもとてもできるものではない。これで、お前も本音を吐露せずにはいられまい。第一、この松陰は、それぞれの人相応の任務をおわせることを知っているから、あれこれ思い患って心配することはない」(この手紙は残念ながら、その先が欠けている)。この手紙をきっかけとしてそれからの松陰は弥二郎を中心に、寺島忠三郎、増野徳民の三人を同時に教育していこうとする。この弥二郎あての手紙を三人で徹底的に討論してみることを求め、更に、これについての忠三郎、徳民の意見を弥二郎に問わせてもいる。また、杉蔵、和作の世話を弥二郎を中心にして三人でやらせているし、手紙の多くも三人あてのものが多い。

やれる限りのことをやれ

こういう松陰の追及と信頼の前には、弥二郎とてひらきなおっていくしかなかった。弥二郎は彼自身のやれること、やれる限りのことをやっていくことによって自分をきたえていった。松陰のねらいは見事成功していくのである。こうして、安政六年五月、松陰が江戸送りになるまでの間、野山獄の松陰と岩倉獄の入江兄弟の連絡をはじめとして、北山安世（佐久間象山の甥、江戸以来の松陰の友人）が萩にきた時には獄中の松陰との文通の世話から、さらには面会のてはずまで、いっさいやってのける。

松陰は北山安世に「この頃は嫌疑がはげしくて、旧知との連絡もむつかしい。貴方からのお便りも注意しなくてはならないが、此の少年（弥二郎）は嫌疑など意に介しないものであるから、此の少年を使ってほしい」といい、また杉蔵にむかっては、「北山と私との間の仲介は、普通ならできぬことである」とほめたたえている。松陰が獄中で読んだ書物もほとんど弥二郎の力と世話によるものであった。この時、身につけた能力が後に薩摩藩との交渉、連絡に大きく役立つのであるが、松陰の鉄槌をうけた弥二郎は、その後、逆に松陰をつきあげるほどに、成長もしていった。

即ち、弥二郎は断固たる行動を松陰に要求する。しかも、それをいうときの弥二郎の顔には、「だめの時は、死ねばいいんですよ」という考えがはっきり読みとれたのである。これには、さすがの松陰もたじたじとなり、弥二郎もついに、人を起《た》たせるだけのものを身につけたかと喜ぶ。

人間の力の限りをひきだす教育を志した松陰は、同時に人間の力に限度をおかない教育を志し、そのために、古人の仕事と行動を通じて、古人と異ならない自分という確信をもたせることをねらっていたが、松陰は自分を基準にして弥二郎を自分のところまでひきあげようとしたのである。松陰と同じであるという自覚を弥二郎にもたせようとしたのが弥二郎に対する教育であった。

松陰の思想を矮小化して普及

松陰の死後、弥二郎が活躍した最初の舞台は、晋作を中心とした藩権力との闘争であった。そのとき、その闘争の成否をにぎるといってもいいすぎでない小郡地帯の床屋豪農たちを一本にまとめ、支持にふみきらせる交渉をやってのけたのが弥二郎であり、それを助けたのが塾生の野村和作であり、山田顕義であった。これによって軍資金と人の調達の二つが同時にできたのである。ついで、薩長連合を桂小五郎を助けてやったことはすでに述べた通りである。

年若くして、松陰の熱烈な精神に触れ、その人物に接した弥二郎が、最後まで、松陰とのきずなを大切にし、その偉業をたたえ、その精神の普及を己の任務とした心情もまた当然の帰結であったといえよう。しかし、三十歳で死んだ松陰の思想と行動を松陰のすべてであり、松陰の結論として、その枠の中に松陰をとどめて、その精神と思想を普及しようとしたという点では、弥二郎は不肖の弟子であった。晋作は、当時すでに、松陰を矮小化することを最も恐れていたが、弥二郎は五十八歳まで生きながら、ついにそのことがわからなかった。わかろうとしなかった。松陰が刑死したとき、わずか十七歳にすぎなかった少年であったことを思えば、松陰を思想的に理解できなかったのもむりはなかったのだが。

前原一誠と真の忠孝

田舎出で最年長の一誠

一誠が村塾に入門したのは安政四年十月。天保五年生まれの彼は、塾生のなかで最年長であったばかりか、そのときすでに二十四歳になっていた。しかも一誠の場合、他の塾生たちと違って、父彦七にすすめられて入門したのである。一誠をみた松陰は、志も気迫も十分にありながら、そのわりに、学問がすすんでいないのをあやしんだが、まもなく、船木の目出《めで》（現小野田市）のような全くの田舎にいて、書物や指導者にめぐまれなかったためであることを知った。松陰が、「君の所から五里

前原一誠（1834〜1876）
維新後参議、兵部大輔などを歴任したが、政府と対立し、萩の乱（1876）をおこして失敗し刑死。

ほど離れた堀越に口羽徳祐がいるが」というと、一誠は「五里ぐらいなんでもありません」と答えたことから、松陰は早速、徳祐に手紙を書いて彼の指導をたのんだ。徳祐は安政四年以来の友人で、藩の寺社奉行の職にあったが安政六年八月病死している。

自ら信ずるところを断行する志

一誠はわずかに十日あまりの指導をうけたにすぎなかったが、「長年の念願が達せられたように愉快であった」と松陰との出会いを書いている。徳祐への依頼文には春秋にとむ青年として紹介されている。十五、六歳の少年が多い中で、松陰は二十四歳という一誠の年齢を全く念頭にいれていなかったと考えられる。

松陰がいかに、一誠の人柄を高く評価していたかは、杉蔵にむかって「一誠勇あり、知あり、誠実は群をぬいている。その才は玄瑞におよばず、その識は晋作におとるかもしれないが、その人物の完全さについては、二人も遠くおよばない」と語り、松陰が最も心を許した友人宮部鼎蔵に比していることでも明らかである。この誠実そのもので生一本の一誠を松陰はさらに徹底させるように指導していった。

「生死離合の此の世で、志と業だけが永遠であり、人間がたのむことのできるもの」と教えるのも、「尋常の忠孝でなく、真の忠孝を志すなら、一度は藩を亡命して、一人立ちした行動をおこすべきである」というのもそれである。果たして一誠が松陰の藩をこえて個の確立を志向していこうとする意味を理解できたかどうかはわからないが、自ら信ずるところを断行していく姿勢に松陰の教育が拍車をかけていったことだけはたしかである。

松陰怒りの絶交状

一誠の誠実さというか、いちずに思いつめていく姿勢は、松陰の再入獄を追及したために謹慎を命じられ、そのあと、父親から行動を禁じられて、進退きわまって自殺しようとしたことにもよくあらわれている。結局は死にきれず、思いなおして、一時表面は父に従う態度をみせるのであるが、一誠は「心中は決して変わったのではありません。でもこのことは父にはいわないでほしい」と松陰の了解を求める手紙を書きおくる。

ついで、安政六年二月、松陰は一誠に伏見要駕策をやらせようとするが、長崎に遊学させようとする父親の要求と自分の要求との間にはさまって、一誠がこまっているときくと、「今は勉学こそ大切。僕など相手にしないで、自分の考えと判断に従って精いっぱいやってほしい。それこそが真の忠孝である」と書きおくって激励する。

そのあと、伏見要駕策には野村和作が行くことになり、和作の母からそれを知らされた一誠は富太郎に、富太郎は伊之助に、伊之助は藩政府に伝えたため、結果的には和作、杉蔵が逮捕される。長崎にいてそれを知った一誠は早速、松陰にむけて謝罪の手紙を書く。松陰が同志を裏切り、同志を逮捕においやったことは許しがたいといって、その責任を追及して、絶交状をたたきつけ、はては意見を異にする弟子たちまで絶交しようといきまくのはこのときである。自分の身体は自由にならず、その計画まで、同志の不注意で失敗においやられた松陰の悲痛と怒りがいかに激しくとも、激しすぎることはない。

一誠の、「自分の不注意から、杉蔵、和作を下獄においやった罪は大きい。そのために、先生から絶交されるのはしかたないが、他の塾生たちを絶交することだけはやめてほしい」という訴えをきくと、松陰はその怒りがとけたばかりか、彼の真摯な反省態度にかえって感動して、今度は一誠を許してやってほしいと、彼の手紙を同封して、杉蔵、和作にむかって手紙を書く。

旧友によって鎮圧された萩の乱

松陰の刑死後の一誠は、つねに他の塾生たちと行をともにし、文久三年の三条実美《さねとみ》たち七卿落ちでは大いに活躍、代表的な塾生たちが次々と死んでいったあと、生きのびた彼は、明治二年七月には参議、十二月には兵部大輔にまでなる。が、意見があわず翌三年九月には辞職して萩におちついた。

一誠は結局、「先生の一言をきいてよくまもる」タイプの人間である。自ら参議として、兵部大輔として、その地位に必要な、時代を指導していく能力もなければ、その反対者を説得する能力もない。それでいて、一つのことしか考えきらない誠実そのものの彼には、反対者の失政は許すことができないばかりか、その責任を生命をかけて問わないではいられない。それが一誠の生き方であり、かつては松陰が高く評価したものである。変革が一応終わったときも取り残されるタイプの一つである。

「私利私欲にふける高官たち、逆に生活の窮乏に追いこまれている士族たち」この状態をなんとかしようとしてたちあがったのが明治九年の萩の乱である。これには、松陰の兄梅太郎の子小太郎（松陰の跡を継いで吉田姓を名のっていた）も参加。この時の陸軍卿はかつての村塾の仲間である山県有朋であり、一誠討伐は桂小五郎、伊藤博文と謀って決定したものである。勝負は五日間でつき、一ヵ月後には一誠は刑死になり、小太郎は戦死、松陰の叔父であり、松陰や小太郎を教育した玉木文之進は責任をおって自刃した。

一誠の決起は悲壮ではあるが、松陰の思想を矮小化したものであったことだけはたしかである。

悲劇の門下生たち

松陰に最も長く師事した増野徳民

安政三年十月、はじめて杉家に同居して、松陰の指導をうけたのが増野徳民である。つづいて隣家の少年栄太郎も入門。松陰はこの二人を相手に毎夜明け方まで講義するほどの熱のいれようであった。それはまた二少年の求むるところでもあった。ある日など、とうとう、朝食といわれてはじめて気がつくという始末で、その声をきいて、三人は思わずにっこりしたこともあるという。松陰がその精勤する彼を深く愛したのもむりはない。

徳民は周防の国山代の医者の子であり、どういう関係から、松陰の指導をうけるようになったかは明らかでないが、彼もまた変革者として育てられていく。つねに松陰のそば近くにいた彼であるから、松陰には最も長く師事していながら、彼あての手紙はほとんどない。そのため、二人の関係を知ることはむつかしいが、安政五年十一月に、山代に帰ったまま、萩にもどっていない徳民を叱咤している手紙が残っている。明らかに、間部要撃の一員として、徳民を勘定にいれている。

徳民の挫折と限界

入獄してからの松陰は、杉蔵、和作の世話をたのみ、あるいは獄中にいる自分の用をたのみ、その合間には、志を挫けさせないように、心をかためるようにたえず説得している。松陰は晋作あての手紙では徳民を「期待にそむかない男」として、徳民と一緒にして指導していた忠三郎と弥二郎には「望みを託せる男」と書いているが、なんとなく、松陰は徳民の限界を知っていたようである。

松陰の死後、晋作たちと行をともにしていた彼も、文久二年三月からは父親の反対にあって家にとじこもったまま、維新以後は開業医として生活し、明治十年、わずか三十六歳で死んでいる。平均的人間がすぐれた指導者を失った場合に歩む一つの典型ということがいえるかもしれないが、むしろ、一医師として市井に生きることによってこそ、松陰の思想と行動を深く理解もでき、発展させることもできたのではないか、ともいえそうである。しかし、彼には、それだけの能力や姿勢はなかったようである。

岡部富太郎の悲劇

富太郎は松陰の友人来原良蔵の甥。久坂玄瑞と同年輩で、安政四年入門、安政五年の育英館との交流のときには、有隣、清太郎にひきいられてでかけた一人であった。

松陰は栄太郎を愛するように、人間としての富太郎を深く愛していたが、才がありながら、実のないことを心配していた。安政五年十二月、間部要撃にともに行こうとするとき、松陰は富太郎に次の一文を送っている。「才があって、実がないときには、才があるために非常に役立つが、かえって、人を誤り、事を誤らせがちである。この点をよく反省してほしい」と。この言葉は安政六年、杉蔵にむかって、

「富太郎は非常にすぐれていて、その上聡明である。しかし、僕はつねに、彼が退転することを危惧している。退転のきざしがあらわれると、もうどうしようもないのである。僕は自分に似ているところをもって、彼の気鋭を愛してきた。彼には賢い母や弟がいるから、安心して、時代の変革にとりくむように指導してきた」と語った言葉とともに、富太郎の実の不足を心配し、指導していた松陰の配慮がよくわかる。と同時に、杉蔵に、先輩として友人として、富太郎が節操を全うするように力になることを求めている。

明治七年の佐賀の乱のときには、武力によらない鎮定を建言して、かえって投獄されたこともあるといわれており、その意味では、人間の善を信じ、その過ちを改めさせる道をふさいではならないという立場に徹し、それを強調していた松陰の思想を継承した人といえよう。不遇のままに終わったが。

有吉熊次郎と寺島忠三郎

富太郎が実のないことを戒められたとき、熊次郎が松陰からいわれたことは、「学者を志している君が、今僕と行を共にしようとすることはまことに立派である。だが、学問とは、君が今、不正を排除するためにたちあがったように、本来、世の中を正しくするのが目的であって、なにも、有終の美を飾れないことを悲しむことはない」ということであった。

このとき、熊次郎はわずか十六歳であり、入門したばかりであったが、忠三郎もその点では変わらなかった。松陰が、忠三郎より若いといっているところからみて、同じ十六歳といっても遅生まれで、満年齢でいうと十四歳であったかもしれない。背丈も低かったかもしれない。しかし、朴訥沈毅《ぼくとつちんき》で、自ら恃《たの》むところの強い少年であったため、松陰としては、将来の大成を期待しながらも、その参加をとめることはできなかったようである。

安政六年になると、弥二郎を中心に忠三郎、徳民の三人を一つの集団として教えていこうとするのであるが、安政五年の時点で

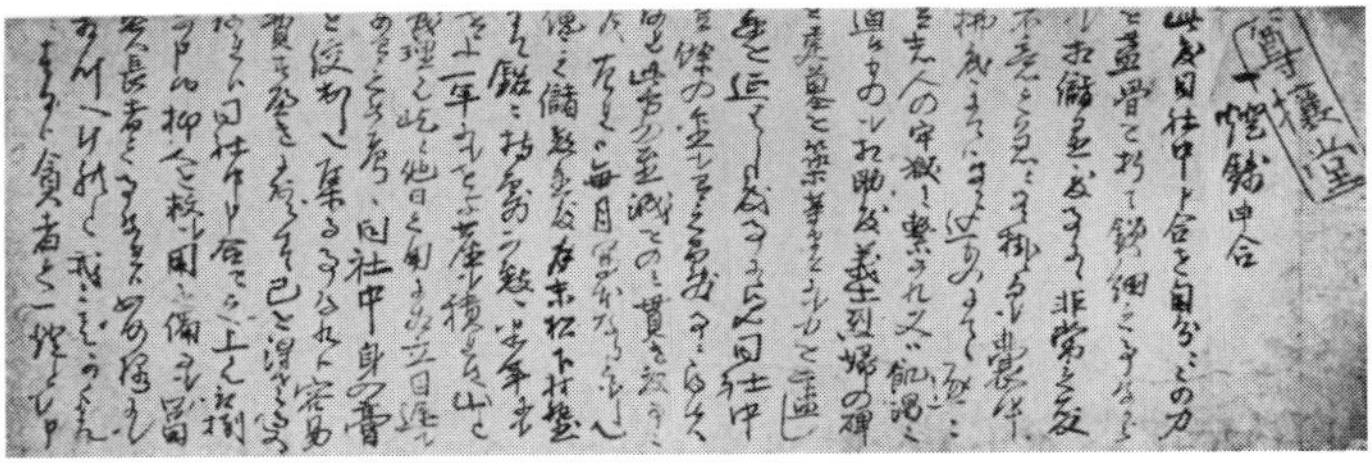

一燈銭申合

村塾の門人が毎月60枚宛ての写本をし、その筆耕料を持ち寄って村塾生の他日有事の用に供した（貧者の一燈に因む名）。

は、富太郎を中心に、熊次郎、忠三郎の三人を一つの集団として教育しようとしている。松陰は「三人心を一にし、力をあわせてはじめて、富太郎の不足を補って、その才を活用できる」（子《し》揖《ゆう》・子徳・子大説）と語っている。熊次郎の実直と忠三郎の沈毅を富太郎の才にからませることによって、大きな力にしようとしたのである。その後、忠三郎は、一燈銭申合（既述）に参加するが、禁門の変で、熊次郎とともに戦死。

村塾の後継者になり得なかった馬島甫仙

徳川頼宣が、「われ、復《また》十四歳あらんや」といって、父家康を大変感動させた文章を読んだ松陰は、これまで、甫仙があまりに若く、子供っぽいので、自分の求め方が足らなかったのを反省し、早速十四歳になる甫仙を自分の書斎に呼んで、このことを話した。

そして、「学ぶ者の志は頼宣のようでなくてはならない。お前も十四歳であるから、童子であって、童子ではない」と教えたのである。

安政六年一月には、松陰は村塾の後継者として甫仙を考え、清太郎にもそのことを知らせる一方、改めて、「君はもう童子ではない。人をまつことなく、刻苦勉強して、村塾の中心になって、村塾を荒廃させないでほしい」と命ずる。甫仙も、松陰の期待にこたえようと一時は、村塾で教えたこともあったが、その仕事は彼には重すぎた。松陰のなくなった後、晋作たちと行動をともにし、奇兵隊血盟書に参加したが、不幸にして、明治三年二十八歳で病没した。

奇才天野清三郎と松陰思想のゆくえ

清三郎は安政四年十五歳のとき入門。彼の言動は時々松陰を驚かすほどに奇抜であり、人を虫けらのようにみる傾向があった。そのため、他の人からはなかなか評価されなかったが、松陰は奇才として高く買い、玄瑞や晋作に指導させようとした。玄瑞や晋作でなくては、指導しきれないとみたからであった。

誰からも評価されない人間も、松陰からみると奇才として評価される。彼は、誰にもとるべきところがあると思っていたし、用い方如何だと考えていた。だから、杉蔵への言葉の中で、「杉山松介の才、時山直八の気迫、国司仙吉の沈着、伊藤伝之助の勇気は十分に用うるに足る」といっているのである。ここには、教育とは、最後には、実際の仕事、職務を通じてこそなされるべきであるという松陰の立場が貫かれている。

村塾生の数は明確ではないが、大体七十名前後と想像されている。その中には、松陰の教育が成功した者もあり、失敗した者もいる。

しかも、その塾生の多くは無名のままに、明治以後の思想と生活を今のところ十分明らかにしていない。むしろ、その人たちの中に、松陰の教育がどのように結実していったかをみるべきだし、それによってこそ、松陰の念ずるところとは違った方向に走った明治の中で、松陰思想がいかに結実したかが明らかになるともいえよう。

第五章

現代に生きる松陰の思想

憂国の熱情から変革の論理へ

松陰の危機感

松陰の、西洋列強の侵略の手がアジアに迫っているという認識は、黒船の下田入港をきっかけとして、にわかに彼の中に現実化し、もはや侵略の問題を認識の段階に終わらせておくことはできなかった。この事件はそれほどまでに、彼に衝撃をあたえ、彼の全存在をまきこんでいった。このように松陰が全存在でうけとめたものは、父百合之助から、感覚的に注入された忠の意識であり、それに連なる愛国の至情であり、日本民族への誇りであった。ことに、中国の書物を通じて、中華思想を学びとってきた松陰には、日本はすてきな国、守るに価するすばらしい国という観念が育っていたとも思われる。

しかも、黒船を前にして、これという定見もないままにあわてふためき、あまつさえ、「古聖賢の言葉、行為に名をかりて、自らを弁護しながら、向こうのいうままになっている」（幽囚録）幕府の姿をみたとき、兵学者松陰のなかの怒りと不安はかぎりなくふくらんでいく。こうして、松陰の思想と行動は急激な展開をみせていく。

松陰はさかんに藩主に献言した。当時の松陰は自分を高く評価してくれる藩主の眼を開明にし、藩主によって、この危機にとりくんでもらおうと考えた。それは、幕府を除いては諸侯でさえ、日本国の政治を談ずることができなかった時代であれば、松陰が直接危機にとりくむなどということは思いもよらなかったのも無理はない。

だが、このときすでに、藩の兵学師範から日本の兵学師範に脱皮していた松陰には、日本の侵略をねらう西洋諸国の調査は何にもまして急務であった。長崎から、ロシア艦を通じて、また下田からアメリカの艦によって海外に出ようという計画はすべて、兵学者松陰の視点から生まれたものであった。そして、この生命をかけた行動に追いやったものは松陰のなかの激しい愛国心であった。事破れて獄中の人となった松陰のなかの愛国心と危機感は、行動をたちきられたとき、ますます熾烈になっていった。

勤王思想を拠点に幕藩体制批判

獄中での松陰はまず、その関心を日本の発見にむけた。そこには、彼の愛国心を満足させる書物がいろいろあった。それは、大和朝廷の誇りと合理化のために書かれた数々の書物であったが、松陰はおどりあがるようにして、その書物にとびつき、それを信じ、それを自らのよりどころとしていった。批判など、松陰にとってはとんでもないことであった。そして、この発見が、忠の思想に変革をおこすきっかけとなっていった。即ち、藩主、幕府、天朝へと貫かれた忠の意識が、藩主（幕府）、天朝への忠となり、幕府は藩主と同格におかれたのである。と同時に、藩主や幕府への絶対的忠の観念を相対的なものに転換させ、絶対的忠は天朝に対してのみ成立すると考えはじめるのである。

かつては「忠臣は二君にまみえず、諫死あるのみで、他国に行くなんてとんでもない」といっていたのが、「藩主が諫めをきかず、道理を行わないばかりか、小人を助長するようなときは、官を辞し、身を退く」ことを認め、「将軍は天朝の命ずるところで、もし足利氏のように、むなしくその職にあるときは、直ちに廃するも可」（講孟余話）といいきるようになる。松陰ははじめて、幕府批判、諸侯批判の拠点をつかんだのである。早速、当時長州藩きっての学者とみなされた山県太華の批評を請うた。彼としては、太華の賛同を予期してのものであったが、太華からは、いともあっさりとつきはなされてしまった。

体制論をめぐる山県太華との対話

太華は松陰に答えた。

「神武天皇が西国よりおこって、諸国を平定してから代々聖君がでたが、天子に人民を治めることができなくなったときは、これに代わって他の人が治めるのが、自然の道理というもの。藤原氏が治めるようになったのも、徳川家がそれに代わったのも、天子が日本を治めることができなくなったためである。天下が天子の天下でなくて、天下の天下であるということははっきりしている。貴方が天下を天子の天下というのは、とんでもないことである。寸地一民といえども、天子が勝手にできないときは、天子のものということはできない。歴史的にみてもそうではないか。諸侯がもっている今の禄にしても、幕府からうけたものである。貴方は、わが長州藩が代々天子に対して臣礼をつくしてきたように強調するが、参勤交代のとき、京都にたちよったことはあっても、天子に対して臣礼をつくしたようなことは一度もなかった。全く路傍の人と変わらなかった。

藩主に不忠になっても、天子に忠義になればよいというが、心得違いも甚しい。人はそれぞれ、王臣、幕臣、諸侯の臣、大夫の臣とあって、その主君に対して忠をつくしてこそ、世の中は平和に治まる。君臣相対して、争乱をひきおこして、どうして、天子の御為になるということができよう。事実を見て、事実に従って考えるべきである」（講孟余話評語）と。これには、松陰もたじろがないではいられなかった。だが、それを認めることは、やっとの思いでつかんだ視点を失うことであった。

松陰はついに、「外国は人民がいて、しかる後に天子ができた。日本は天子があって人民ができたのである。先生は神代巻を信じないから、こういう説をなすのである。論ずることは勿論、疑ってもいけない。ただ信奉すればよいのだ。特に疑わしいところは、とりのぞけばよい。もし土地、人民が天子のものでないとすれば、幕府のものでもなくて人民のものである。しかし、僕はこの立場をとりたくない」とひらきなおるのである。

だが、どうみても、松陰の立場の方が苦しい。太華の方が合理的近代的である。そして、太華の立場は日本を指導できる能力を失った徳川幕府という判断になって、幕府否定の立場にも通ずるものである。だが、太華はそこまで考えることもできず、松陰もそこまで批判できず、かっとなり、信の問題に転化してしまったのである。そして、幕府批判の視点をつかんだ松陰は、それ自身は古いものであったが、逆に、時代に対して変革的な姿勢をもつことになる。

幕府の否定にふみきる

そして、幕府批判の視点は松陰の現状認識でもあった。即ち月性から、「幕府を倒すべきである」といってきたとき、「西洋列強が日本をねらっている今、国内で相闘うときでなく、有志が諸侯と力をあわせて、幕府を戒めながら、この困難にたちむかうときである」と答えた。それは、幕府について考えた結果、「おとろえたといっても、諸侯の賢否、武備の強弱を一々知っており、人材も到底、諸藩のおよぶところではない」（獄舎問答）。それに、「幕府に代わって、日本を指導していくだけの人物はまだない」（兄への手紙）という結論に到達したためである。このように幕府批判はありながら、幕府の否定にいっていない松陰だが、安政五年七月、幕府が天皇の許可なしに日米通商条約に調印したのをきっかけに、その立場は大きく変わっていく。

天子の意に叛くものとして、許すことのできない幕府という認識であり、その否定である。

「将軍は天下の賊、今討たずんば、後世の人たちはなんといおう」（大義を議す）。もう一つ、十三歳の将軍をたて、二十二歳の慶喜を抑えたことは、松陰としてはがまんがならなかった。いまこそ聡明の将軍が必要なときに、その反対をゆく老中たちはなんとしても許せなかった。とはいっても、そのときの彼は、まだ幕府そのものの否定でなく、幕府の政治家たちの否定である。

松陰は水野土佐守の暗殺、老中間部詮勝の要撃と、はっきり幕府権力に対決していく。しかも、これが藩政府の妨害で失敗においこまれたとき、長いこと疑うこともなかった藩政府への否定へと松陰はふみだすのである。「これまで、藩政府を相手にしてきた誤り」（野村和作あての手紙）にほぞをかむ松陰でもあった。

草莽決起を選ぶか

安政六年四月に、野村和作にあてた松陰の手紙は、彼の立場をもう一つはっきりさせている。

「今日の日本の状況は古今の歴史にもないほどにわるい。なぜかといえば、アメリカが幕府の自由を抑え、幕府は天朝と諸侯の自由を抑え、諸侯は、国中の志士の自由を抑えてしまっている。そのために、心ならずも天朝に不忠をしている。それというのも、アメリカの大統領の方が将軍よりも智があるし、その使者は、老中の堀田や間部より才があるからである。人物がおよばなければどうにもならない。このままでは、乱世もなしに直ちに亡国になるしかない。今大切なのは日本を乱世にすることである。乱世になればなんとかうつ手もでてくる。だめになったわが藩を

外から決起して変革する方法もある」（四月四日）
「今後はこれまでの方法を変えて草莽決起という方法でやってみよう。そのためには少しでも早く獄をでるように考えることである」（四月十四日）
北山安世への手紙には、
「幕府にも結局人物はいなかった。小さなことはわかっているようだが世界の動きを見透して大略をたてられるような人物はいない。外国との交渉は向こうのいいなりになって、次々と制せられている。黒船以来数年にもなるのに、航海の策一つない。ワシントンがどこにあり、ロンドンがどんなところかわからない連中に何かができるわけもない。たとえ、一、二の人物があったからといって、ああ下らぬ連中が多すぎては、どうすることもできまい。
公卿たちの陋習《ろうしゅう》となると幕府よりももっとひどい。ただ外国を近づけては、神国の汚れというだけでどうにもならない。これではうまくいかないのもむりはない。ナポレオンのいう自由でも唱えないとだめかもしれない。今となっては草莽決起の人を望むしかない」（四月七日）と幕府に絶縁状をたたきつけるとともに天朝への批判がはじまる。更に小田村伊之助にあてた手紙の中には「天朝もおそれ多きことながら、公卿間、俗論多く、貧濁の風もやまず、正論もたたない」といいきっている。

「天朝も幕府もいらぬ、我のみ必要」

松陰が終始、第一に考えたのは、日本を外国の侵略から守るということである。そして、その責任者として、初めは藩主が意識されたが、次第に、日本的規模における統率者として、天朝が浮かびあがった。天子が深く外国の侵略を心にかけていることを知って、国を思う同志の中心として、中心になりうる人間としてうけとめられていったのである。しかし、天子をとりまく公卿たちもやがて幕府や諸侯と同じく、失格者としてうけとめられるのである。

松陰がその後、西洋の列強に対抗できる日本として、どういう構想をもっていたかは明らかではないが、同じ北山安世への手紙のなかで、「アメリカはその建国の方法がいい。国も新しく最強国である」と書いてある。それ以上の説明がないので、彼の理解の程度、評価した内容は明らかでないが、ナポレオンの自由を唱えたいといっている点からみても、自由と独立を求めて建国されたアメリカを認めていたことだけはたしかであろう。

しかも、松陰はすでに魏源《ぎげん》の「海国図志」を読んでいた。この本の中で、魏源は、世界各国の政体を君主政体の中国、トルコ、君民同権の英、仏、共和制で主権在民のアメリカの三つにわけて説明している。世襲制の場合、必ずしもつねに明君を仰ぐことができないことを知悉していた松陰、現に、今の将軍が三十分も坐っておれないほどの人間であることを知っていた松陰としては、アメリカに相当共鳴していたのではあるまいか。選挙で選ばれた米大統領の知恵を評価していたのではあるまいか。
まさか、これらをふまえることによって、「天朝も幕府もわが藩もいらぬ。只六尺の我が身体が必要」（野村和作への手紙）という立場に到達したのではあるまいが、これらの考えが、無意識のうちに影響したとはいえよう。獄中で死をみつめて生きる松陰にとって、たのむべきものが自分しかないことを知ったのも当然であった。「忠」についても、これまで天子とか藩主とか、つねに何かへの忠であったのが、「我が心に生きる、我が心の限りをつくす」（前原一誠への手紙）というふうに変わってきている。

人間の平等観への到達

この頃から、松陰は弟子たちに対しても、さかんに亡命をすすめはじめている。自覚した一個の志士として自分を確立するように求めはじめる。松陰は絶望と不信のなかから、個としての人間を発見し、個としての人間の確立に向かって、大きく一歩ふみだしたのである。もちろん彼が、従来の考えや思想をそこできれいに清算できるわけもない。いろんなものが未整理のままに混在していたのも当然である。天朝や諸侯を否定しながら、「自分は今すぐ、天朝や諸侯にそむくことはないから御安心」（野村和作あての手紙）というのも、その一つである。

しかし、ここまで達した松陰が、安政二年当時の彼の「所謂《いわゆる》世人のいう尊爵は真の尊爵ではない。真の尊爵は人々の固有するところのもの、何をくるしんで、人の役となることがあろう」

「人はすべて、徳を心にそなえている。尊重といわねばならない」「天は民心を以て心とし、民の視聴を以て、視聴とする」（講孟余話）考え方と重なりあったとき、彼の思想がどう発展していったかは容易に想像できる。

松陰の思考はこれから本格的にはじまろうとしていたということがいえる。日本の未来へのビジョンをいよいよ構想しようとする。まさにその地点で、彼の思考はたちきられてしまったのである。

組織の論理

新しい人間としての変革者

松陰は長い模索の果てに、まがりなりにも個としての人間の発見と確立に到達した。しかもその人間とは、松陰にとって、時代の変革にとりくむ人間以外ではなかったし、それはまた新しい時代の新しい人間でなければならなかった。

松陰の考えた新しい人間としての変革者とは、藩をのりこえて、わが心に生きる人間であった。藩意識からの離脱ということは、これまで自分を支え、自分を保護していたものをたちきり、自分の眼と足で独立して歩むということである。そこには、非常な決断がいる。少なくとも、その人としての精いっぱいの思索が求められる。松陰も「亡命の時期は自分で十分に考えなくてはならない」（一誠への手紙）といっている。この過程で、人間が独立した人間に育てられていくことはいうまでもない。

変革者の組織化をはかる

松陰が次の段階で考えたのは、この変革者の組織化である。全国的規模における組織化である。と同時に、その力を通じて、各藩の改革を内外から呼応してやってのけ、更にはその力で幕府を倒していこうとしたのである。「百姓一揆につけこんで」（和作への手紙）という言葉しかないということから、松陰は一揆に対して消極的評価に終わって、積極的評価をするところまでいっていないと批判するものもいるが、「乱世をつくろう」、「変革の情勢づくりをしよう」と考えていた松陰として、百姓一揆を組織化することを考えていなかったとはとうてい思えない。ナポレオンの自由まで唱えようとした松陰である。

松陰は武士階級とはいっても半農半士の生活を送ってきたものであり、嘉永四年に、すでに、金になる作物、収穫の多い方法を兄梅太郎に試みさせ、その結果によって、周囲の農民の農耕の方法を変えていこうとした。彼の片足は農民のなかにすっぽりとはまりこんでいた。松陰の塾に学ぶものたちの多くは足軽・中間《ちゅうげん》の子弟で、その生活は零細農民に近いものであった。松陰が深く交際した鳥山新三郎は農民の子である。

士農同盟から士工同盟へ

士農同盟は自明の理であったといっても、決して間違った評価ではあるまい。明確に意識したものではないが、その点では、今日労農同盟といい、学労同盟という場合、農民階級出身の労働者がどれだけ、自分のなかの農民を、労働者階級出身の学生がいかほど労働者を意識的にとらえているかという問題と変わらないといってよかろう。

こういう意識が作用していたからこそ、その後の長州藩に生まれた諸隊のなかに、「農民の妨げは少しもしてはならない。牛馬などに小道であったら、道へりによけて通行させなくてはならない」（諸隊史料集）という考え方も育っていったのである。

これは農民に限ったことではない。「すべての人間に尊厳を認め、すべての人間は、その尊厳を自分のものにしなくてはならない」と考えていた松陰が工・商の人たちにその尊厳を自らのものにするためにたちあがることを求めたのも自然の理である。封建的身分制の打破のために、新時代をつくるために、工・商が決起することを三十歳の刑死の時点でいっていないとしても、松陰がいうのは時間の問題であった。武士や学者の観念性を打破するために、工人との共同作業を提唱していた松陰である以上、時代変革の大事業にはなおさら士・工の同盟が不可欠であることを知るのは容易である。

商人出の画家松洞を変革者に育てた松陰である。松陰が、相携えてアメリカ密航という大冒険をともにした金子重之助も、商人の子であった。松陰にとっては、時代の変革を志すという一点で通ずる相手ならば、すべて同志であって、その出身・職業は問うところではなかったのである。

教育を通じて全日本人の変革を構想

いま一つ、松陰の組織の基調になっていたものは青少年を教育して、それを一つの党に育てあげようとしたことである。村塾がそれであったことはいうまでもない。

入塾の第一条件が志の有無であり、教育の最大のねらいが志の深化と確立であったのも、村塾がわが党の育成と結成にあったためである。入塾を希望するということで、彼らはすでに一つの段階を経ていた。危険人物視されていた松陰を師とするということが、彼らに決断を迫ったからである。入塾にあたっては、彼らはきまって、まず何のために学ぶかをきかれる。このことは、彼らにさらに強い決断と覚悟を求めることになる。彼らが集団の一人としてどのように育てられていったかはすでに述べた通りである。

しかも、松陰は全村民のための村塾という方向をねらっていた。各村々に、村塾を考え、その村塾を統轄できる藩校、更にそういう藩校を統轄できるものとしての大学校という構想をもっていた。教育を通じて日本人全部の変革を構想していたのである。日本人全部をまきこむような大変革を、教育の組織を通じてやろうとしていたのである。この全村民のための村塾という考え方こそ、士・農・工・商の大同盟による村全体の変革を志向していたしるしである。

平和国家の展望

外国の進んだ社会制度への恐怖

はじめは、日本にせまる西洋諸国の武力と外交手腕だけを恐れていた松陰であったが、「それらの国々が貧院、施薬院、託児所、聾唖《ろうあ》院とあらゆる施設を設けて、どんな人たちに対しても、最低の生活と治療を保障しようとしている」（獄舎問答）ことを知ったとき、松陰は新たな恐怖感につつまれていった。

外国の進んだ社会制度に対して、いまの日本は、「国の宝である筈の農民をさえ、犬馬や土芥《どかい》のように扱って平気である」（獄舎問答）ばかりか、「乞食や捨て子はいたるところにいるし、病気をしても貧しいために治療すらできない者がいっぱいいる」（松島剛蔵あての手紙）。「もしも外国が日本を本気になって支配しようとすれば、武力でなくても、貧院や施薬院や託児所を設けるだけで、日本人の心をつかんでしまい、それだけで、日本は彼らのいいなりになってしまう」（松島剛蔵あての手紙）。これらの思いは、日本の現状を変革しなくてはならないという松陰の決心をいよいよつのらせていったのである。

批判の眼は不合理な世襲制から封建制へ

松陰はまず、「君子が下役にいて、小人が上役にいるために、民を恵むという美声ばかりで、決して、民に実恵のおよばない今の政治」（講孟余話）、「政権を中士以上が独占して、下士以下には政治を議せさせない今の政治」（狂夫の言）を一刻も早くあらためて、下に厚く上に薄い政治にしなくてはならないと考えた。松陰からみると、政治をする能力もない連中が、家柄に生まれたという理由だけで、国の政治や藩の政治をやっているということは、おかしなことであった。ましして、外国の侵略にさらされているときである。当然、松陰の批判は世襲制への批判から、封建制そのものへの批判に発展していった。

「役人はやたらに多いために、手当ては沢山いる。むだな社交も盛んである。ことに無用の武士、無用の僧、無用の工商が多すぎる。加えて参勤交代や年々の大役があっては、税が重くなるのもむりはない。農民が貧しいのも当然である」（獄舎問答）

松陰はいつか、「世襲制でないから家来も少なく、諸事簡単な郡県制度」について考えるようになっていた。彼にとって、冗兵のために農民が苦しまねばならないほどにがにがしいことはなかったのである。民生をうすくする軍艦や大砲も、それにおとらぬほどに、松陰にはにがにがしい存在であった。

民衆の立場からの発言

松陰の農工商への関心は比較的早く、弘化三年十七歳のとき、松村文祥にあてた手紙には「武士は禄をはんで耕さなくとも腹をみたし、自然に養う。農、工、商は業に失敗すれば、父母妻子を養うことができない」と書きおくっている。また「農、工、商は国の三宝。各々職業があって、どれも欠くことのできぬものである。ただ、武士だけは三者のような業がないのは、文武をみがいて、治乱につくす役割があるからである。そのことを忘れて、厚禄をついやし、衣食住をおごり、三者に対してたかぶることはもってのほかである」という松陰のいいぶりには、自分を農民の一人として自覚していった言葉ではないにしても、働かなくては食べることのできない貧しい武士として、また、田畑の中に育って、農業をやってきた人間として、農、工、商の側に近い立場から発言したものが感じられる。

そこには、民生を厚くすることを強調する松陰の実感があるようにも思える。だからこそ、嘉永三年の九州旅行中の松陰の体験をもとに、兄梅太郎にこんな手紙を書きおくっている。

「今日、最も緊急なことは、学者が一般に軽視しているところの農業についての学問をやって、農民を富ますことでありましょう。それを省みるものがないとすれば、他人がするのを待っていないで、なにをおいてもこのことに力をつくさなくてはなりません。

ヨーロッパの地誌を読むと農業技術を教える学校、採鉱術を教える学校、林学を教える学校といろいろあります。世の中には、民を愛するとか、富国強兵とかいわない者はいませんが、民が富まないでいて、どうして民を愛しているといえましょう。

長州藩も、開墾できるところは大体拓《ひら》いたかもしれないが、植樹が果たして十分であったか、穀物の種類、薬の材料、果物や野菜はどんな種類でもつくっているか、貯蓄の方法、治水築堤、養蚕製紙と少なくても民の産に関係あるものについては、すべて研究と対策をつくしているかと考えていくと、やってみなくてはならないことが一杯あるように思います。幸に私たちの家には田畑があります。いろいろやってみてはいかがでしょう。農民はなかなか従来のやり方を変えないものですが、うまくいったとなると、うらやんで見習うに違いありません。労をいとわないでぜひやって下さい」。ここには松陰のうちこみようの深さがある。

そのとき、熊本藩ですでに、農業に通ずるものを各地に派遣して学ばせ、その報告にもとづいて、実地に試験させている事情を知らせることも忘れていない。ついで嘉永五年の東北旅行では、まず、新潟で、長岡領であった十年前には、年間の税が平均六千両で、七千両になると大変喜ばれたのが、幕府の直轄地になってからは一万四千両にもはねあがったのをきいて驚き怒ったのをはじめ、南部藩では、良馬から生まれる利益を藩がひとりじめにしていることにあきれている。

兵はすべて農に帰すべきだ

東北各地を歩いての松陰の結論は、「各藩の税率が全くまちまちで、これは天下の通弊である」（東北遊日記）ということだった。これらの見聞は、日本の国内を旅行するためにも藩の許可をとらなくてはならない不合理さとあわせて、あらためて、封建制の矛盾と幕府政治の苛酷さを松陰に思い知らせることになった。土地が硬いからといって、手耕を固執して、牛馬による耕作に転換しない農民をみて、今更の如く、農民への知識指導の必要を痛感する松陰でもあった。それはそのまま、農民への指導と協力を放棄したまま無為徒食する武士階級への怒りともなって爆発していく。

安政二年になると、ついに、「兵を省かなくては、民の税をうすくすることはできない。兵はすべて、農に帰すべきである」（講孟余話）という意見までうちだしていくのである。松陰の富民を国本とする考え方はここまで徹底していく。今日なら、「自衛隊を国土開発隊に編成がえにしろ」という意見となる。

この吉田松陰が、これまで、どちらかというと、多くの人たちによって「攘夷」「攘夷」と叫びつづけるこちこちの国家主義者、排外主義者の権化のように思われていたのだからやりきれない。次節で述べるように、松陰はこの頃には平和国家への道を構想しはじめた。「兵を農に帰そう」という意見も、彼の平和国家論と無関係ではないが、同時に、「もし、西洋列強と兵を交えるようなことがおこるとしても、それは、十年後にしかやってこない」（獄舎問答）という、松陰の国際情勢に対する認識の変化とも関係している。それを貫くものは、国内政治を優先させ、民生を厚くするという松陰の基本的姿勢である。

歴史に逆行する鎖国より国際貿易を

国際情勢の認識の変化といえば、忠の問題では意見の対立をつづけたままであったが、松陰の西洋観は、山県太華の「海外諸国も皆人の国にて、中国と少しも変わらない五倫五常の行なわれている国である。日本を神の国であるとか、太陽の出ずる国、というのは天文地理のひらけていないときに考えられていたことであって誤りである。人の信じないことを、学者として、しいていうのは誤っている」という説明によって、大きく変わってきていた。

鎖国が歴史に逆行するものであることは、すでに、佐久間象山から注入されてきていた松陰としては、西洋列強への不信を懐《いだ》きながらも日本側の姿勢如何では対等の国際外交、国際貿易も可能であると考えはじめていたであろうことは十分に想像できる。この頃の彼は、積極的に貿易をすすめて、民富をこやし、国力をこやすべきだと考えている。「硝子、漆、蠟、紙、諸薬を製造して、国に用いた残りは、他国に売る禁をやめて、売り出さなくてはならない」（獄舎問答）という意見もその一つである。正当な貿易がお互いを富ますことは、藩と藩との貿易をみてもわかっていたことである。

対等の国際外交は可能か

西洋列強が武力でおどして貿易をせまり、ただ、幕府が首をたれて、向こうのいいなりになって結ぶ条約の結果は、人民にとって、プラスにならないことを松陰は本能的にかぎとっていたのである。「英国が清を攻めたとき、清から援助を求められたが、我が国としては戦争をおこしたくないので、その申し出をことわったと筋の通ったことをいった翌年には、英国と一緒になって清を攻めているアメリカのやり方をみていると、信じようとしても信じられない」（松島剛蔵あての手紙）、「アメリカは英、蘭と違って、東方に領地を欲しないといっているが、たしかに、まだ寸地も得ていない。しかし、それは力が不足しているためである。力があれば、イスパニアのルソン、オランダのジャバ、イギリスのセイロンの如きものを欲しないわけがない。唯、力のないために、仁義の言をはいているにすぎない」（野村和作あての手紙）と思っていた松陰。事実そうであったとすれば、西洋列強との通商条約を「ハイソウデスカ」と肯定できなかったのは当然である。

しかし、幕府の為政者を信じていなかった松陰でも、当時、この通商にからんで、大老井伊直弼が私腹をこやしたとまでは思いつかなかったであろう。

「今、攘夷をとなえる者は、鎖国の説なり、世界の大計を知っていない。貿易をいう者は外国を恐れてである。いずれも不可である」（対策一道）という松陰の言葉は安政五年のもので、対等の国際外交、国際貿易を望んでいたことが非常にはっきりしている。

平和国家への道を構想

軍縮こそ民政の基本であり、民生を厚くする道だと考えついたものの、アジアに迫る西洋列強の侵略をまのあたりに見てきた松陰としては、この問題をどう解決したらよいか急に結論がでるわけもなかった。松陰にとっては、この問題は、これまでに遭遇した最大の壁であったかもしれない。しかし、松陰はいつか、獄中で行動の自由、闘う力を奪われて無力そのものの自分と、強国の間にはさまれている小国日本の生きる道を重ねあわせて考えはじめていた。時の権力と闘う自分の姿勢に小国日本の生きる道を見出したのである。

松陰はついに、平和国家、中立国家への道を構想するようになる。彼はいう。

「軍備なくとも仁政があれば大丈夫である。仁政の国を攻めてくるような国の支配者は、その国に仁政をしいていないから、国内は必ず動揺しよう」「上陸してきても、敵を少しも防ぐことはない。兵は農民、漁民の中に雑居せしめ、一見、武備はないようにみせ、人々には思い思いに降伏させて生命を全うさせる。ただ、非常に乱暴する者がある時はとらえて牢にいれ、敵将に論させる。無茶を要求するときは断固としてそれを排除し警告する。侵略者たちも、武備もないのに志強く、詞《ことば》も強いとみれば、きっと反省する所があろう」「その間、つとめて、その国の忠臣、義士を刺激して、彼等にその国を正させるように働きかける。そうすれば最後には必ず勝利する」（講孟余話）。

国境をこえた平和的連帯の模索

松陰には一勝一敗は問うところではなかった。名よりも実をとることを求めたのである。彼は、道義を基調にした平和国家の道をすでに百年前に構想していたのである。しかも、彼は、外国にも自分と同じ正義の士がいることを考えるようになっていた。有志の人たちの国境をこえた国際的連帯を明確に意識していたとはいえないまでも、そこに発展する可能性は十分にあったといって、決していいすぎではあるまい。一国の平和から、世界の平和を、道義を志す人たち、民生を厚くすることを考える人たちによって作ろうとし、また作りうると考えていく方向にあったということは、すばらしい。

もちろん、この道が平易であるとは松陰も考えていなかった。

「この策は大決断、大堅忍の人でなければ、決してやりとげることはできない。もし、はじめに少しばかりこれをやろうとしても、途中でまた、戦いに応ずるときは、その害はいいあらわせないほどに大きい」とつけくわえることを忘れない。

松陰も、当時の幕府の中にそれほどの人物がいるとは考えなかったし、幕府にかわって、やりうる人物がいるとも考えていなかった。だから、松下村塾の教育で、そういう人物を育てあげたいという願いも起ったに違いない。そして、現在の時点で、それが不可能だとすれば、それが可能となる日までは、下策ではあるが、軍備の強化によって、日本の独立を守ろうと考えたのも当然である。

松陰の平和思想が生かされなかった日本の不幸

しかし、松陰を矮小化して、自分たちに都合よく解釈したい人たちは、松陰がこの思想的立場に到達する前の嘉永六年にいった、「朝鮮、満州、支那を従え、貿易で失うところを土地で補ったらよい」との言葉だけによりかかり、安政三年には、「北海道、琉球を開墾し、朝鮮をとり、満州をひっぱりつけ、支那や印度を味方にして、西洋列強にあたる」といっていたのが、安政六年になると「西洋列強にたちむかうためには、航海通市以外にはない。だから、朝鮮、満州、支那を訪ね、ジャバ、ボルネオ、オーストラリアを訪《と》う」と変わってきている事実をみようとしない。侵略者に対しては断固自衛手段をとるということはあっても、自ら進んで、侵略なんて思いもよらないというのが、松陰の刑死前の姿勢である。

松陰が、今の平和憲法の先駆をなしていたというと、あまりに唐突な感じをうける者もいるかもしれないが、決して唐突でないことは以上の説明で明らかである。第二次大戦後に、平和国家論、道義国家論がさかんに論じられたとき、松陰の平和思想が紹介されなかったということは、松陰にとっても、日本にとっても大変不幸であったというしかあるまい。

いかに学ぶか

学者を志すな

村塾に入塾するものに、松陰がきまって発した質問は、何のために学ぶかということであったが、同じように共通していたのは、学者を志すなという言葉であった。松陰は執拗なほど学ぶ必要を強調し、弟子たちに学ぶことを激しく求めたが、学者になることだけは厳しく戒めた。それほどに、彼は当時の学者に不信を懐き、不満をもっていたのである。

松陰の学問観からすれば、「知識（学問）は行動の本であり、行動は知識の結実であり、別々のものではない」（講孟余話）のであったが、彼が周囲に見た学者の多くは、「いたずらに高邁精緻にふけって、最も切実な日常のことを軽蔑し、道理を知りながら、道理を行おうとしない」（中庸講義）ばかりか、「徒らに自ら是とし、自ら高し」（山県太華への手紙）に終わっていた。「自分では、昔の名臣、賢人、義人を推奨しても、その人たちを激しく思慕し、その人たちにせまろうとする人間としての最低の姿勢すらもちあわせていない」（平田への手紙）人たちであった。彼にとっては、最も軽蔑したい種類の人たちであったし、こういうタイプの物知りとしての学者なら、条件が許し、時間さえかけることができれば誰でもなれると思っていた。

しかも、こんな学者にかぎって、「進めば進むほど、一見立派であることを装い、大事にのぞんで進退をあやまり、節操を失い、勢のおもむくところに流され」（講孟余話）、はては、その博学によって、自己合理化をうまくやってのけて、「他人までも迷わせる」（上書）と考えれば、松陰でなくても否定しないではいられないであろう。変革期ほど、その害毒が大きいとすればなおさらである。

己の実行のために学をなせ

時代の変革にとりくむ者はもちろん、何かを為そうとすれば、学問をしなくてはならない、学問なしの行動は行き詰まるしかないというのが松陰の考えであった。人間なら誰でも学ばなくてはならないというのが松陰の考えであった。彼にとって、学問を職業とするほどの人間とは、日本と世界を歴史の方向に従ってリードできる能力をもっていなくてはならなかった。「古と今と同じでないにもかかわらず、古の書をそのまま今に行おうとしたり」（諸生にしめす）、「あらゆることについては知っていても、今日何を為すべきか、自分は何を為すべきかは少しも考えようとしない」（講孟余話）。そのうえ、権力におもねり、暴力におびえる学者は、松陰からみると学者の名に価しなかったのである。この点では、松陰の時代も、戦前、戦中、戦後の現代もあまり違わないようにみえる。

彼は、これを克服する道は、「己のため、己の実行のためにこそ学を為すことである」（講孟余話）といっているが、このことは、現代にもそのままあてはまる。

松陰はまた、「志なくしてはじめた正学は、己のためにはじめながら、たまたま正学を知らず、曲学を主としている者よりも好ましくない」（講孟余話）ともいっているが、これは「今の学者は突飛な意見を、非常に耳をそばだてるような意見をいって、人を喜ばせるが、実際には行われないし、役だたない。本当に、時勢や人間の実情に即して、為すべきことを説いたものは人が喜ぶようなものではない」（練兵説略序）との判断の上にたつものであり、これもまた、現代のためにいわれた意見として通用する。

自主性の確立こそ急務

もう一つ知識の問題で、松陰のいっている大事な問題は、外国語、原書のことである。「ロシア、アメリカ、イギリスには、器械、技術などの点で、新法妙思があるし、それらは年々進んでいる。オランダ語訳を通じては、その大体はわかっても、直接その国の書、その国の人を師として学ぶにはおよばない」（幽囚録）といっていることは、当然といえば当然だが、当時としては進んでいた意見であった。第二次大戦中、松陰の教育が、最も提唱されたとき、外国語の教育をやめてしまったことと比較するとき、そのへだたりの大きさを思わないではいられない。松陰は外国語の研究の急務を説いた。江戸にいるときは、萩の少年、青年に、外国語を学ぶように盛んにすすめている。

しかし、松陰の松陰らしさは、「原書を専ら読んでいる者は、非常に精緻だが、それにまきこまれて、かえって固陋になっている。広くあらゆる訳書を渉猟して、ここが目のつけどころとわかってから、そこを徹底的にやるべきである」（久坂玄瑞あての手紙）といっているところである。志と目的を重視することをつねに忘れない松陰であった。

漢学者が支那にのめりこみ、蘭学者がオランダにひきずられ、日本の研究を主とする者が日本にみいられるということは、しかたないことだといってすまさなかったのが松陰であった。志と目的をはっきりさせるということは、自己のために、ということをはっきりさせることであり、自主性を確立することであった。

以上、変革の論理、組織の論理、平和国家のビジョン、いかに学ぶか、と松陰の思想をみてきたのであるが、それは、思想家松陰が、時代をどのように理解し、どのような人によって変えていくかという思想教育の理念でもある。思想教育とは結局、人間教育であるとともに政治教育なのである。

吉田松陰略年譜

西暦	年号	松陰事項	年令	松下村塾生事項	国内国外事項
一八三〇	天保　元年	八月四日、松陰誕生	1		
一八三一	二年		2		長州に百姓一揆おこる
一八三二	三年		3		頼山陽没
一八三三	四年		4	桂小五郎（木戸孝允）生	尾張、丹波に百姓一揆
一八三四	五年	叔父吉田大助の養子	5	前原一誠生	江戸、大阪大火　橋本左内生
一八三五	六年	大助没、吉田家をつぐ	6		坂本竜馬生
一八三六	七年		7		全国飢饉　英に経済恐慌おこる
一八三七	八年		8	入江杉蔵、松浦松洞生	大塩平八郎の乱　百姓一揆全国におこる
一八三八	九年	家学教授見習として明倫館に出る	9	山県有朋生	緒方洪庵、塾をひらく
一八三九	十年	初めて、明倫館で家学を授く	10	高杉晋作生	蛮社の獄

一八四〇	十一年	藩主に武教全書を講ず	11	久坂玄瑞、岡部富太郎生	アヘン戦争おこる
一八四一	十二年	馬術を波多野源左衛門に学ぶ	12	吉田栄太郎、伊藤博文生	渡辺崋山自刃
一八四二	十三年	玉木文之進、松下村塾をおこし、松陰ここに学ぶ	13	野村和作、増野徳民生	
一八四三	十四年		14	品川弥二郎、寺島忠三郎、有吉熊次郎、天野清三郎生	町人の武芸練習を禁止する
一八四四	弘化　元年	藩主に孫子を講ず	15	馬島甫仙、山田顕義生	オランダ、日本に開国を説く
一八四五	二年	山田亦介に長沼流兵学を学ぶ　また亦介により、世界の大勢をきく	16		高野長英脱獄
一八四六	三年	飯田猪之助に西洋兵学を学ぶ　守永弥右衛門に荻野流砲術を学ぶ	17		米艦浦賀に、仏艦長崎に来る
一八四七	四年	林真人より大星目録の免許をうける	18		信州大地震

一八四八	嘉永　元年	独立の師範となり、後見人を廃止　明倫館再興の意見書を書く	19		外国船、対馬、松前に出没　仏に二月革命
一八四九	二年	水陸戦略を著す　須佐、大津、豊浦の海岸巡視	20		英船浦賀にくる　幕府、諸大名に沿岸警備を命ずる
一八五〇	三年	九州旅行	21		米議会、日本の開国を議決
一八五一	四年	江戸で山鹿素水、佐久間象山に学ぶ　東北旅行に出る（亡命）	22		江戸の米価高騰　中浜万次郎米国よりかえる
一八五二	五年	亡命の罪により、吉田家断絶　日本歴史の研究を深める	23		ロシア艦下田に来る　オランダ、翌年米使節の来航を予告
一八五三	六年	佐久間象山に洋学兵学を学ぶ　露艦に乗じて海外渡航を計画	24		ペリー浦賀に来る　プチャーチン長崎に来る
一八五四	安政　元年	米艦に乗じて海外渡航を計画　下獄、象山も下獄	25	玄瑞の父・兄死	日米和親条約を結ぶ

一八五五	二年	月性、黙霖と交友を結ぶ　野山獄で孟子を講ず　獄を出る	26		江戸大地震　藤田東湖死　キェルケゴール死
一八五六	三年	幽室にて、武教全書を講ず　松下村塾記をつくる　梅田雲浜と会見	27	徳民、栄太郎、松洞入門　玄瑞九州旅行	幕府蕃書調所を設ける　堀田正睦、外国御用取扱に専任
一八五七	四年	松陰、松下村塾主宰　富永有隣村塾の師となる	28	玄瑞、晋作、一誠、弥二郎入門	ハリス、通商貿易の必要をとく　英仏連合軍広東を占領
一八五八	五年	対策、愚論を梁川星巌に送る　老中間部の要撃計画	29	杉蔵、顕義、忠三郎入門　須佐の育英館と交流	大老井伊、日米通商条約調印　条約に反対した水戸、尾張、越前の諸侯を罰す
一八五九	六年	下獄　江戸送り、刑死	30	杉蔵、弥二郎たち、罪名論で罪になる　杉蔵、和作下獄	橋本左内、頼三樹三郎死刑　マルクス「経済学批判」刊行
一八六〇	万延　元年			玄瑞、晋作を中心に輪読会	大老井伊殺される
一八六一	文久　元年			一燈銭申合	長井雅楽、公武合体論を主張

一八六二	二年			攘夷血盟書をつくる　松浦松洞自刃	坂下門外の変　寺田屋事件
一八六三	三年			奇兵隊創設	長州四ヵ国の軍艦攻撃
一八六四	元治　元年			吉田栄太郎自刃（池田屋事件）　玄瑞、杉蔵、忠三郎戦死（禁門の変）	第一次長州征伐
一八六五	慶応　元年			弥二郎、和作庄屋同盟をまとめる	第二次長州征伐
一八六六	二年			有朋、奇兵隊をひきいて幕軍と戦う	薩長同盟締結
一八六七	三年			晋作死	王政復古の大号令　坂本竜馬暗殺される

現代においては不当、不適切と思われる表現もありますが、作品全体の歴史的価値を重んじ、そのままの表現を用いている箇所があります。

参考文献

〈書名〉	〈編著者〉	〈出版社〉	〈発行年〉
吉田松陰	徳富猪一郎	民友社	(明治二六年)
防長回天史	末松謙澄		(明治四四年)
東行先生遺文	東行先生五十年祭記念会	民友社	(大正五年)
象山全集	信濃教育会編	尚文館	(大正二年)
吉田松陰全集	山口県教育会編	大和書房	(昭和四七年)
吉田松陰	玖村敏雄	岩波書店	(昭和一七年)
前原一誠伝	妻木忠太	積文館	(昭和一〇年)
品川弥二郎伝	奥谷松治	高陽書店	(昭和一五年)
橋本景岳全集	景岳会編	畝傍書房	(昭和一八年)
吉田松陰	奈良本辰也	岩波書店	(昭和二六年)
明治維新政治史研究	田中彰	青木書店	(昭和三八年)
明治維新の権力基盤	芝原拓自	御茶の水書房	(昭和四〇年)
高杉晋作と久坂玄瑞	池田諭	大和書房	(昭和四一年)

池田　諭（いけだ・さとし）
１９２３年広島県生まれ。広島文理大学文学部卒業。新潮社嘱託を経て文筆活動に入る。１９７５年没、享年52。
『坂本竜馬』『高杉晋作と久坂玄瑞』（共に大和書房）など著書多数。

吉田松陰《よしだしょういん》

１９６８年４月15日　第１版第１刷発行
２０１５年２月28日　新装版第１刷発行

著　者　池田《いけだ》 諭《さとし》
発行者　佐藤　靖
発行所　大和《だいわ》書房
東京都文京区関口１—33—４
電話０３（３２０３）４５１１

装　幀　菊地信義
本文デザイン　新田由起子（ムーブ）
本文印刷　シナノ
カバー印刷　歩プロセス
製本所　ナショナル製本

ISBN978-4-479-86024-2

http://www.daiwashobo.co.jp/